# Landwirtschaftliches Bauen im Aussenbereich

AF286083

Bibliografische Information der Deutschen Nationalbibliothek

Die Deutsche Nationalbibliothek verzeichnet diese Publikation
in der Deutschen Nationalbibliografie; detaillierte bibliografische
Daten sind im Internet über http://dnb.d-nb.de abrufbar.

© 2007 Wolter–Hoppenberg

Covergestaltung, Satz und Layout:
Tilmann Mißfeldt, Markus Baumann, Bielefeld

Herstellung und Verlag:
Books on Demand GmbH, Norderstedt

Bildnachweis:
RSI Rottaler Solar Invest GmbH®, Cover

Printed in Germany


ISBN 978-3-8370-1525-6

# WOLTER ⬤ HOPPENBERG

## LANDWIRTSCHAFTLICHES BAUEN IM AUSSENBEREICH

Ein Überblick von *Stephan Sauer*
Rechtsanwalt und Fachanwalt für Verwaltungsrecht

# Inhaltsverzeichnis

## Vorwort

Für landwirtschaftliche Bauvorhaben ist der so genannte Außenbereich nach § 35 Baugesetzbuch (BauGB) von herausragender Bedeutung. Daher soll diese Broschüre Landwirten einen ersten Überblick geben, wenn Neubauten, Umbauten oder Nutzungsänderungen angedacht sind. Neben den materiellen Voraussetzungen für eine Baugenehmigung nach § 35 BauGB sollen aber auch Hinweise zum Verfahren und zu weiteren zu beachtenden Gesetzen gegeben werden.

## A. Erfordernis einer Baugenehmigung

In allen Bundesländern gilt der Grundsatz, dass die Errichtung, die Änderung, die Nutzungsänderung und der Abbruch baulicher Anlagen der vorherigen Genehmigung durch die zuständige Bauaufsichtsbehörde bedürfen. Ausnahmsweise sind einzelne kleinere Vorhaben von der Genehmigungspflicht freigestellt. Dies können u.U. Tierunterstände, Gewächshäuser, Energieleitungen, Behälter und Flachsilos, Einfriedungen und Stützmauern, Lager- und Abstellplätze, Werbeanlagen, Aufschüttungen und Abgrabungen, Solarenergieanlagen, Fahrzeugwaagen, Holz- und Geräteschuppen etc. sein, je nach Größe und/oder Nutzungszweck.

Wichtig ist, dass nicht nur die Neuerrichtung, sondern vor allem auch die Nutzungsänderung – selbst ohne tatsächliche bauliche Veränderung – sowie die Änderung und der Abbruch baulicher Anlagen genehmigungspflichtig sind. Allein ein formeller Verstoß gegen die vorherige Genehmigungspflicht führt auch bei materieller Genehmigungsfähigkeit zu einem Bußgeld und dreifach erhöhter Genehmigungsgebühr.

Aber auch bei einer ausnahmsweise gegebenen Freiheit von der Genehmigungspflicht nach der Bauordnung bleiben die materiellrechtlichen Anforderungen an die Zulässigkeit von Vorhaben nach dem Baugesetzbuch bestehen.

Daher ist neben der Frage nach der Genehmigungspflicht an dieser Stelle auf eine weitere Differenzierung hinzuweisen. Im Baurecht sind regelmäßig immer zwei Gesetze zu beachten.

1. Die Bauordnung (BauO) für die verfahrensrechtlichen (Genehmigung) und ordnungsrechtlichen (Brandschutz und bautechnische Bestimmungen) Anforderungen.

2. Das Baugesetzbuch (BauGB) für die bauplanungsrechtliche Zulässigkeit des Vorhabens.

## B. Erfordernis einer Genehmigung nach BImSchG

In manchen Fällen kann sich auch die Frage statt nach einer Baugenehmigung nach einer immissionsschutzrechtlichen Genehmigung stellen. Dies vor allem dann, wenn sich Größenordnungen ergeben, die nach einem anderen Verfahren verlangen.

Ob ein immissionsschutzrechtliches Genehmigungsverfahren durchzuführen ist, ergibt sich für die Landwirtschaft in erster Linie aus Ziffer 7.1 des Anhangs zur Vierten Verordnung zur Durchführung des Bundes-Immissionsschutzgesetzes (BImSchG) – Verordnung über genehmigungsbedürftige Anlagen (4. BImSchV).

Die Ziffer 7.1 des Anhangs zur 4. BImSchV befasst sich mit Anlagen zum Halten oder zur Aufzucht von Geflügel oder Pelztieren oder zum Halten oder zur getrennten Aufzucht von Rindern oder Schweinen. Der Anhang ist in zwei Spalten aufgegliedert. Die Anlagen in Spalte 1 bedürfen eines förmlichen Genehmigungsverfahrens ggf. mit Öffentlichkeitsbeteiligung nach § 10 BImSchG. Die Anlagen in Spalte 2 bedürfen lediglich des vereinfachten Genehmigungsverfahrens nach § 19 BImSchG (Ermessen der Genehmigungsbehörde); die Vereinfachung bezieht sich insbesondere darauf, dass keine Öffentlichkeitsbeteiligung stattfindet. Es ist aber zu beachten, dass auch Anlagen der Spalte 2 dem förmlichen Verfahren mit Öffentlichkeitsbeteiligung unterliegen können, wenn nach der Anlage 1 des Gesetzes über die Umweltverträglichkeitsprüfung (UVPG) ein Verfahren mit Umweltverträglichkeitsprüfung durchzuführen ist.

So ist z.B. ab 2000 Mastschweineplätze gemäß Spalte 1 ein förmliches Genehmigungsverfahren ggf. mit Öffentlichkeitsbeteiligung nach § 10 BImSchG durchzuführen. Bei 1500 bis weniger als 2000 Mastschweineplätze ist nach Spalte 2 ein vereinfachtes Genehmigungsverfahren nach § 19 BImSchG durchzuführen. Nach Ziffer 7.7.3 der Anlage 1 zum UVPG ist aber bei 1500 bis weniger als 2000 Mastplätzen eine standortbezogene Vorprüfung des Einzelfalls durchzuführen. Kommt diese Vorprüfung zu dem Ergebnis, dass eine Umweltverträglichkeitsprüfung durchzuführen ist, ist auch ein förmliches Genehmigungsverfahren ggf. mit Öffentlichkeitsbeteiligung nach § 10 BImSchG durchzuführen, obwohl es sich um eine Anlage der Spalte 2 des Anhangs zur 4. BImSchV handelt.

Das Erfordernis eines immissionsschutzrechtlichen Genehmigungsverfahrens bei mehr als 50 Großvieheinheiten (z.B. 600 Mastschweineplätze) und der Inanspruchnahme von mehr als 2,49 Großvieheinheiten/ha regelmäßig landwirtschaftlich genutzter Fläche ist seit 30.10.2007 entfallen.

Windkraftanlagen mit einer Gesamthöhe von mehr als 50 m unterliegen nach Ziffer 1.6 und Biogasanlagen ab einer Feuerungswärmeleistung von 1 MW nach Ziffer 1.4 des Anhangs zur 4. BImSchV dem immissionsschutzrechtlichen Genehmigungsverfahren. Unter Umständen kann eine standortbezogene Vorprüfung des Einzelfalls zur Umweltverträglichkeitsprüfung verpflichten (vgl. für Windfarmen ab 3 Windkraftanlagen Ziffer 1.6 und für Biogasanlagen Ziffer 1.3.2 der Anlage 1 zum UVPG).

Anlagen zur Lagerung von Gülle mit einem Fassungsvermögen von 2500 Kubikmetern oder mehr sind nach Spalte 2 Ziffer 9.36 des Anhangs der 4. BImSchV in einem vereinfachten immissionsschutzrechtlichen Verfahren nach § 19 BImSchG zu genehmigen.

In der Praxis kommt es auch vor, dass z.b. eine Biogasanlage als bloße Nebenanlage zu einer bereits nach dem BImSchG genehmigungsbedürftigen Anlage einzustufen ist. In diesem Fall ist der Behörde die Änderung von Lage, Beschaffenheit oder Betrieb der Biogasanlage einen Monat vor der Änderung schriftlich anzuzeigen. Diese hat dann unverzüglich, spätestens innerhalb eines Monats nach Eingang der Anzeige zu prüfen, ob die Änderung einer Genehmigung bedarf (§ 15 BImSchG).

Soll eine Biogasanlage an eine ansonsten bereits immissionsschutzrechtlich genehmigungsbedürftige Anlage angefügt werden und stellt dieser „Anbau" eine wesentliche Änderung dar, ist hierfür grundsätzlich eine Änderungsgenehmigung nach § 16 BImSchG erforderlich. Soweit keine erheblichen Auswirkungen auf relevante Schutzgüter zu erwarten sind, kann nach § 16 Abs. 2 BImSchG die Durchführung eines vereinfachten Verfahrens ohne Öffentlichkeitsbeteiligung beantragt werden.

Aber auch bei einem immissionsschutzrechtlichen Genehmigungsverfahren, ggf. mit einer Umweltverträglichkeitsprüfung nach Vorprüfung im Einzelfall, ist das materielle Baurecht zu beachten. Die immissionsschutzrechtliche Genehmigung schließt nach § 13 BImSchG zwar die Baugenehmigung ein, die materiellrechtlichen Anforderungen werden jedoch nicht verdrängt und auch in ihrem Geltungsbereich nicht gemindert. So hat die Genehmigungsbehörde im immissionsschutzrechtlichen Verfahren auch zu prüfen, ob das Vorhaben den bauordnungsrechtlichen und bauplanungsrechtlichen Anforderungen und damit z.B. auch § 35 BauGB entspricht.

## C. Bauvorhaben im so genannten Außenbereich

Um zu wissen, welche Rechtsnormen des Bauplanungsrechtes für ein Bauvorhaben einschlägig sind, muss als erstes die bauplanungsrechtliche Situation des Standortes für das

Vorhaben geklärt werden. Liegt es im Bereich eines Bebauungsplanes (beplanter Innenbereich) richtet sich die Zulässigkeit nach den Voraussetzungen des § 30 BauGB i.V.m. den Festsetzungen des Bebauungsplanes. Liegt zwar kein Bebauungsplan aber ein im Zusammenhang bebauter Ortsteil (unbeplanter Innenbereich) vor, beurteilt sich die Zulässigkeit des Vorhabens nach § 34 BauGB.

Liegt kein – weder beplanter noch unbeplanter – Innenbereich vor, handelte es sich um den so genannten bauplanungsrechtlichen Außenbereich; die Zulässigkeit eines Vorhabens richtet sich dann nach § 35 BauGB.

Es ist daher zunächst eine Abgrenzung zwischen Innen- und Außenbereich vorzunehmen. Bildet jeder Bebauungskomplex bereits einen Ortsteil? Wo endet bei Ortsrandlagen der Innenbereich und wo beginnt der Außenbereich? Wie ist eine große unbebaute, aber rundum von Bebauung umgebene Fläche zu beurteilen (so genannter Außenbereich im Innenbereich)? Abgrenzungsschwierigkeiten ergeben sich in der Praxis auch bei einer Baulücke.

Kann ein bauplanungsrechtlicher Außenbereich bejaht werden, richtet sich die Zulässigkeit eines Vorhabens nach § 35 BauGB.

## D. Systematik des § 35 BauGB
§ 35 BauGB regelt die planungsrechtliche Zulässigkeit von Vorhaben im Außenbereich. Dem Charakter des Außenbereichs entspricht es, dass dort nur eingeschränkt gebaut werden darf. Dem § 35 BauGB liegt die Tendenz zugrunde, den Außenbereich weitestgehend von Bebauung freizuhalten, sofern diese nicht ihrem Wesen nach in den Außenbereich gehört und deswegen hinsichtlich ihrer Zulässigkeit privilegiert ist. Privilegierte Vorhaben sind im Vergleich zu sonstigen Vorhaben gegenüber den öffentlichen Belangen allerdings nicht absolut, sondern nur insofern bevorzugt, als

ihre Privilegierung bei der Abwägung in Rechnung zu stellen ist. Die sonstigen Vorhaben werden im Außenbereich in der Regel öffentliche Belange beeinträchtigen.

§ 35 BauGB differenziert daher nach den so genannten privilegierten Vorhaben gem. § 35 Abs. 1 BauGB und den sonstigen Vorhaben gem. § 35 Abs. 2 BauGB. Bei privilegierten Vorhaben nach § 35 Abs. 1 BauGB dürfen öffentliche Belange „nicht entgegenstehen", bei sonstigen Vorhaben nach § 35 Abs. 2 BauGB dürfen öffentliche Belange nicht „beeinträchtigt" werden. Die öffentlichen Belange sind in § 35 Abs. 3 BauGB genannt.

In § 35 Abs. 4 BauGB werden sonstige Vorhaben begünstigt, indem ihnen bestimmte öffentliche Belange nicht entgegengehalten werden können.

§ 35 Abs. 5 BauGB enthält das Gebot des Flächensparens, die Rückbauverpflichtung und die Sicherstellung der Nutzungsart.

Mit der so genannten Außenbereichssatzung nach § 35 Abs. 6 BauGB kann die Gemeinde auch im Außenbereich die planungsrechtliche Zulässigkeit von Vorhaben beeinflussen. Die Vorschrift stellt ein Instrument zur planerischen Bewältigung städtebaulicher Übergangslagen zwischen Innen- und Außenbereich dar, in denen vorhandene Siedlungsansätze die Eigenart der näheren Umgebung prägen, ohne dass sie schon einen Bebauungszusammenhang im Sinne eines Ortsteils gem. § 34 BauGB begründen. Durch eine Außenbereichssatzung nach § 35 Abs. 6 BauGB sollen Wohnbauvorhaben im Außenbereich dadurch erleichtert werden, dass dem Vorhaben bestimmte öffentliche Belange nicht entgegengehalten werden dürfen.

## E. Privilegierte Vorhaben gem. § 35 Abs. 1 BauGB
§ 35 Abs. 1 BauGB zählt die privilegierten Vorhaben abschließend auf. Danach ist ein Vorhaben im Außenbereich nur zulässig, wenn öffentliche Belange nicht entgegenstehen, die

ausreichende Erschließung gesichert ist und wenn es

1) einem land- und forstwirtschaftlichen Betrieb dient und nur einen untergeordneten Teil der Betriebsfläche einnimmt,

2) einem Betrieb der gartenbaulichen Erzeugung dient,

3) der öffentlichen Versorgung mit Elektrizität, Gas, Telekommunikationsdienstleistungen, Wärme und Wasser, der Abwasserwirtschaft oder einem ortsgebundenen gewerblichen Betrieb dient,

4) wegen seiner besonderen Anforderungen an die Umgebung, wegen seiner nachteiligen Wirkung auf die Umgebung oder wegen seiner besonderen Zweckbestimmung nur im Außenbereich ausgeführt werden soll,

5) der Erforschung, Entwicklung oder Nutzung der Wind- oder Wasserenergie dient,

6) der energetischen Nutzung von Biomasse im Rahmen eines Betriebes nach Nr. 1 oder 2 oder eines Betriebes nach Nr. 4, der Tierhaltung betreibt, sowie dem Anschluss solcher Anlagen an das öffentliche Versorgungsnetz dient, unter folgenden Voraussetzungen:

a) das Vorhaben steht in einem räumlich-funktionalen Zusammenhang mit dem Betrieb,

b) die Biomasse stammt überwiegend aus dem Betrieb oder überwiegend aus diesem und aus nahe gelegenen Betrieben nach den Nummern 1, 2 oder 4, soweit letzterer Tierhaltung betreibt,

c) es wird je Hofstelle oder Betriebsstandort nur eine Anlage betrieben und

d) die installierte elektrische Leistung der Anlage überschreitet nicht 0,5 MW

oder 7) der Erforschung, Entwicklung oder Nutzung der Kernenergie zu friedlichen Zwecken oder der Entsorgung radioaktiver Abfälle dient.

# I. Land- oder forstwirtschaftlicher Betrieb

Nach § 35 Abs. 1 Nr. 1 BauGB ist ein Vorhaben privilegiert, wenn es einem land- oder forstwirtschaftlichen Betrieb dient und nur einen untergeordneten Teil der Betriebsfläche einnimmt.

## 1. Begriff der Landwirtschaft

Der Begriff der Landwirtschaft wird durch eine beispielhafte Aufzählung in § 201 BauGB umschrieben. Danach umfasst Landwirtschaft im Sinne des BauGB insbesondere den Ackerbau, die Wiesen- und Weidewirtschaft einschließlich Tierhaltung, so weit das Futter überwiegend auf den zum landwirtschaftlichen Betrieb gehörenden, landwirtschaftlich genutzten Flächen erzeugt werden kann, die gartenbauliche Erzeugung, den Erwerbsobstbau, den Weinbau, die berufsmäßige Imkerei und die berufsmäßige Binnenfischerei.

Da der Gesetzgeber damit den Begriff der Landwirtschaft nicht selbst definiert hat, hat die Rechtsprechung allgemeine Kriterien für die landwirtschaftliche Tätigkeit entwickelt. Danach setzt Landwirtschaft die unmittelbare Bodenertragsnutzung sowie eine planmäßige und eigenverantwortliche Tätigkeit voraus. Massentierhaltungen, wie sie zunehmend aus wirtschaftlichen Gründen in groß dimensionierten Mastbetrieben erfolgen, erfüllen in der Regel nicht die Anforderungen des § 201 BauGB, weil sie zumeist auf die Zufütterung von Futter angewiesen sind, das auf fremden Flächen angebaut wurde.

Nach § 201 BauGB muss das für die Tierhaltung benötigte Futter überwiegen, d.h. zu mehr als 50 %, auf eigenen Flächen erzeugt werden können. § 201 BauGB wählt hier eine abstrakte Betrachtungsweise, so dass das so erzeugte Produkt vor der Verfütterung noch „tiergerecht" verarbeitet werden kann.

Auch wirtschaftliche Hilfsbetriebe wie Lohnunternehmen, die genossenschaftlichen Verkaufsstellen für landwirtschaftliche Produkte, der Viehhandel, Landschaftsbaubetriebe oder der Pferderennsport sind wegen des Fehlens unmittelbarer Bodenertragsnutzung keine Landwirtschaft. Kennzeichnend für die Landwirtschaft sind die Bodenwirtschaft und die mit der Bodennutzung verbundene Tierhaltung, also Ackerbau und Viehzucht. Das Erfordernis der unmittelbaren Bodenertragsnutzung schließt es aber nicht aus, dass der Bodenertragsnutzung folgende Produktion- und Veredelungsstufen noch von der Landwirtschaft geprägt sind, wie etwa die mit der Pferdezucht verbundene reiterliche Erstausbildung der Jungpferde.

Der Gesetzgeber hat die berufsmäßige Imkerei und die berufsmäßige Binnenfischerei sowie die Tierhaltung und die gartenbauliche Erzeugung in den Katalog der landwirtschaftlichen Tätigkeiten aufgenommen, obwohl diese typischerweise oder nicht notwendig mit Bodenbewirtschaftung verbunden sind.

Unter die berufsmäßige Binnenfischerei fallen vor allem der Fischfang und die Fischzucht in natürlichen und künstlichen/naturnahen Gewässern, wobei schon Letzteres umstritten ist. Abgelehnt wird die Fischproduktion in rein künstlichen Becken bzw. gemauerten Teichanlagen. Zudem wird argumentiert, dass die Fischzucht sich nur auf die Ernährungsproduktion, d.h. Speisefische wie z.B. Forellen, beziehen darf. Damit unterfallen Zierfische, wie z.B. Koifische, nicht dem § 201 BauGB.

## 2. Begriff der Forstwirtschaft
Der gesetzlich nicht geregelte Begriff der Forstwirtschaft umfasst die planmäßige Waldbewirtschaftung durch Anbau, Pflege und Abschlag von Hoch-, Mittel- oder Niederwald zum Zwecke der Holzgewinnung. Die Bewirtschaftung erstreckt sich darauf, Wald im Rahmen der gesetzlichen Zweckbestim-

mung des § 1 Bundeswaldgesetzes unter Berücksichtigung seiner Schutz- und Erholungsfunktion zu pflegen, zu nutzen und für die Wiederaufforstung kahl geschlagener Flächen zu sorgen. Für die bodenrechtliche Privilegierung muss hinzukommen, dass die forstwirtschaftliche Bodennutzung in betrieblich organisierter Form planmäßig und eigenverantwortlich ausgeübt wird. Ein Betrieb, der forstwirtschaftliche Arbeiten für Dritte ausführt, unternimmt keine Forstwirtschaft im Sinne von § 201 BauGB, weil der Betriebsinhaber weder Waldeigentümer noch Nutzungsberechtigter ist, sondern die Möglichkeit, forstwirtschaftliche Maßnahmen auszuführen, aus einem Vertrag mit dem Berechtigten ableitet; auch die Forstwirtschaft setzt – ebenso wie die Landwirtschaft – die Bewirtschaftung überwiegend eigener Waldflächen voraus.

### 3. Betriebseigenschaft

Die land- oder forstwirtschaftliche Tätigkeit muss in Gestalt eines Betriebs erfolgen. Von diesem Tatbestandsmerkmal werden nicht nur Vollerwerbs-, sondern auch Nebenerwerbsbetriebe erfasst, nicht hingegen Freizeitbetätigungen.

Ein landwirtschaftlicher Betrieb setzt eine spezifische Organisation und Nachhaltigkeit der Bewirtschaftung voraus. Es muss sich um ein auf Dauer (für Generationen) gedachtes und auch lebensfähiges Unternehmen handeln. Die Gewinnerzielung ist nicht zwingende Voraussetzung der Betriebseigenschaft, hat jedoch eine gewichtige indizielle Bedeutung für die Ernsthaftigkeit und Nachhaltigkeit des Unternehmens. Indizielle Bedeutung haben ferner etwa die Größe der landwirtschaftlichen Nutzfläche, die Betriebsform, das aufgewandte Kapital, der Maschinenbestand sowie die Anzahl der Arbeitnehmer. Dabei kommt der Gewinnerzielung um so geringere Bedeutung zu, je größer die landwirtschaftliche Nutzfläche und je höher der Kapitaleinsatz und damit die Anzahl der Tiere und landwirtschaftlichen Maschinen ist. Die Betriebseigenschaft kann selbst dann gegeben sein, wenn feststeht, dass in der Anlaufphase eines neu errichteten Betriebes mit großer Wahrscheinlichkeit Verluste eintreten werden. § 35 Abs. 1 Nr. 1 BauGB dient nicht dazu, die Gründung von Landwirtschaftsbetrieben zu verhindern. Entscheidend ist hier, ob das Unternehmen auf Dauer lebensfähig sein wird; es muss deshalb prognostisch belegt werden können, dass die Betriebsneugründung in überschaubarer Zeit von der Verlust- in die Gewinnzone gelangt.

Geht es um die Zuerkennung der Betriebseigenschaft für Nebenerwerbstellen, sind nach der Rechtsprechung strenge Anforderungen zu stellen, um Missbrauch zu begegnen.

Dem Merkmal der Gewinnerzielung kommt vor allem bei der Abgrenzung zwischen dem Nebenerwerbsbetrieb und der Hobbylandwirtschaft, insbesondere der Zucht von Pferden und seltenen Tierrassen, gesteigerte Bedeutung zu. Die Grenzen sind fließend, die Anwendung des Privilegierungstatbestandes ist häufig schwierig. Beabsichtigt der Bauherr die Gründung einer landwirtschaftlichen Nebenerwerbstelle, kommt dem Merkmal der Gewinnerzielung als Indiz für die Dauerhaftigkeit des Betriebes ein stärkeres Gewicht zu als im Fall der Erweiterung einer bestehenden Nebenerwerbstelle. Die erforderliche Nachhaltigkeit, vor allem bei Nebenerwerbstellen ist zweifelhaft, wenn dem Landwirt die für seine Ertragserzielung benötigten Flächen nicht dauerhaft zur Verfügung stehen. Diese Voraussetzung erfordert regelmäßig eine eigentumsrechtliche oder jedenfalls sachenrechtliche Zuordnung der Betriebsflächen. Das schließt die Zupacht fremder Flächen nicht aus. Eine landwirtschaftliche Betätigung allein auf der Grundlage von Pachtflächen fällt aber in aller Regel nicht unter § 35 Abs. 1 Nr. 1 BauGB. Je umfangreicher eine derartige Hinzupacht ist, desto unsicherer wird hingegen, ob angesichts der spezifischen Schwäche des Pachtlandes als einer von den Vertragsparteien jederzeit aufhebbaren Bindung die erforderliche Nachhaltigkeit noch gewährleistet ist. Berücksichtigungsfähige Pachtverträge müssen langfristig abgeschlossen sein. Die Praxis der Bauaufsichtsbehörden nimmt langfristige Pachtverträge an, wenn eine ca. 18jährige Laufzeit vereinbart ist, bei Betriebserweiterungen sind 12jährige Laufzeiten ausreichend.

Nicht selten finden sich im Bereich der Land- und Forstwirtschaft Mischbetriebe, die aus einem land- oder forstwirtschaftlichen Betriebsteil und einem gewerblichen bestehen. Die Rechtsprechung hat für derartige Mischformen die Figur des „mitgezogenen Betriebsteils" entwickelt. Ist ein landwirtschaftlicher Betrieb überhaupt vorhanden, können einzelne Betätigungen, die bei isolierter Betrachtung landwirtschaftsfremd sind, durch ihre betriebliche Zuordnung zu der landwirtschaftlichen Tätigkeit von dieser gleichsam mitgezogen werden und damit an der Privilegierung des § 35 Abs. 1 Nr. 1 BauGB teilhaben. Bei dem mitgezogenen Betriebsteil muss es sich aber nach wie vor um eine bodenrechtliche Nebensache handeln. Die Betriebserweiterung um den mitgezogenen Betriebsteil muss von so untergeordneter Bedeutung sein, dass das Erscheinungsbild des im Außenbereich gelegenen Betriebs unverändert bleibt.

Ländliche Verkaufsstellen für selbst erzeugte landwirtschaftliche Produkte können mitgezogene Betriebsteile und deshalb planungsrechtlich privilegiert sein. Das gilt hingegen nicht, wenn etwa bei Hofläden überwiegend zugekaufte Waren angeboten werden. Die Übergänge sind fließend. Expandiert eine derartige Verkaufsstelle in einer Weise, dass zunächst überwiegend eigene Erzeugnisse verkauft werden, wegen florierender Umsätze in einem immer größeren Umfang aber Fremderzeugnisse angeboten werden, liegt eine Nutzungsänderung vor, die die Genehmigungsfrage in bauplanungsrechtlicher Hinsicht neu aufwirft. Hier ist dann die Begünstigung für eine Nutzungsänderung nach § 35 Abs. 4 Nr. 1 BauGB zu prüfen. Die Rechtsprechung hat bisher eine mathematische Festlegung im Sinne einer prozentualen Höchstgrenze für das Randsortiment vermieden. Auf der sicheren Seite dürfte sich der Landwirt aber bewegen, wenn die Fremdprodukte gemäß der Faustformel für Randsortimente aus dem Einzelhandelsrecht 10 % des Warenangebotes nicht übersteigen.

Ferienwohnungen sind nur in einem geringen Umfang als Teil des Landwirtschaftsbetriebes zulässig („Ferien auf dem Bauernhof"); sie werden nur so lange mitgezogen, wie der landwirtschaftliche Betrieb das Erscheinungsbild trägt. Wird hingegen der landwirtschaftliche Betrieb nur noch als werblicher Anreiz benutzt und wird der Gewinn überwiegend aus Einkünften aus Vermietung erzielt, scheidet die Anwendung von § 35 Abs. 1 Nr. 1 BauGB aus. Auch hier ist eine begünstigte Nutzungsänderung nach § 35 Abs. 4 Nr. 1 BauGB zu prüfen.

Schank- und Speisewirtschaften sind eigenständige Betriebsformen und dienen regelmäßig keinem landwirtschaftlichen Betrieb; das gilt auch, wenn in einer Gaststätte auch eigenerzeugte Produkte verkauft werden. Die Bewertung ist unabhängig davon, ob mit dem gastronomischen Betrieb die Nähe einer touristischen Attraktion ausgenutzt wird und ob die bauliche Veränderung auch mit einer landwirtschaftsbezogenen Nutzung möglich wäre. Bauerncafés dürften deshalb in den seltensten Fällen noch zu den privilegierten Betrieben oder Betriebsteilen zählen. Sie sind regelmäßig sonstige Vorhaben, bei denen aber § 35 Abs. 4 Nr. 1 BauGB zu beachten ist und in manchen Fällen die Nutzungsänderung eines früher landwirtschaftlich genutzten Gebäudes in eine Gaststätte ermöglicht.

Wegen der beschriebenen Abgrenzungsschwierigkeiten kommt in Baugenehmigungsverfahren dem Bauantrag mit der landwirtschaftlichen Betriebsbeschreibung eine entscheidende Bedeutung zu.

## 4. Merkmal des Dienens

Das Vorhaben muss dem land- oder forstwirtschaftlichen Betrieb „dienen". Durch das Tatbestandsmerkmal des Dienens soll sichergestellt werden, dass das Vorhaben zu dem privilegierten Vorhaben tatsächlich in einer funktional zugeordneten Beziehung steht. Nach der ständigen Rechtsprechung des Bundesverwaltungsgerichtes ist es Voraussetzung, dass „ein vernünftiger Landwirt unter Berücksichtigung des Gebots größtmöglicher Schonung des Außenbereichs dieses Vorhaben mit etwa gleichem Verwendungszweck und mit etwa gleicher Gestaltung und Ausstattung für einen entsprechenden Betrieb errichten würde und das Vorhaben durch die Zuordnung zu dem konkreten Betrieb auch äußerlich erkennbar geprägt wird". Die Zweckbestimmung des Vorhabens muss objektiv gegeben sein und kann nicht bloß behauptet werden. So fehlt die dienende Funktion eines Gebäudes, wenn es für den angegebenen Zweck überdimensioniert oder in seiner konkreten Beschaffenheit so luxuriös ausgestattet (Fliesen, Zentralheizung für ein Stallgebäude) ist, dass sich eine betriebsfremde Nutzung geradezu aufdrängt. Am Erfordernis des Dienens scheitert auch ein Vorhaben, dessen Standort nicht durch die betrieblichen Erfordernisse bestimmt wird, sondern bei dem erkennbar der Wunsch im Vordergrund steht, ein Wohngebäude in landschaftlich reizvoller Lage zu errichten. Der Begriff des Dienens verlangt jedoch nicht, dass das Vorhaben für den Betrieb unentbehrlich ist.

Zu den einem landwirtschaftlichen Betrieb dienenden Vorhaben können auch Wohngebäude gehören. Auch sie müssen eine auf die betrieblichen Belange ausgerichtete dienende Funktion erfüllen, was bei landwirtschaftlichen Vollerwerbsbetrieben regelmäßig zu bejahen ist. Bei Nebenerwerbsbetrieben bedarf es jedoch einer besonderen Prüfung, ob nicht der Wohnzweck im Vordergrund steht. Die befristete Aufstellung von Wohncontainern für Erntehelfer kann auch dann die Voraussetzungen des § 35 Abs. 1 Nr. 1 BauGB erfüllen, wenn der landwirtschaftliche Nebenerwerbsbetrieb, dem das Vor-

haben dienen soll, zwar weitestgehend auf Pachtflächen ausgeübt wird, jedoch auf Grund anderer Indizien festgestellt
werden kann, dass es sich um einen nachhaltigen Betrieb
handelt.

Von seinem Umfang her muss das Wohngebäude angemessen
sein. Eine repräsentative Villa ist deshalb ebenso unzulässig
wie ein Haus mit überdimensionierter Wohnfläche. Zur Be-
stimmung der Angemessenheit können die Wohnungsgrößen-
berechnungen der Länder zum Wohnungsförderungsgesetz
als Orientierungswerte herangezogen werden (Faustformel:
ca. 50 m$^2$ pro Person).

Altenteilerhäuser dienen einem landwirtschaftlichen Betrieb, weil und sofern sie den Unterbringungsbedarf der Höfe
dadurch erfüllen, dass sie beim ständigen Generationswech-
sel dem jeweiligen Eigentümer zur Verfügung stehen. Dem
liegt die Vorstellung des typischen Vollerwerbsbetriebes aus
vergangener Zeit zugrunde, wonach der Hof auf ein Kind oder
einen anderen nahen Angehörigen überging und der weiterhin im Rahmen seiner Möglichkeiten mitarbeitende Altland-
wirt auf der Hofstelle wohnen blieb. Deshalb muss das Altenteilerhaus auch in unmittelbarer Hofnähe errichtet werden;
Entfernungen von 150 m Wegstrecke können die Zuordnung
entfallen lassen. Konsequent ist es auch, die Zulässigkeit von
Altenteilerhäusern bei Nebenerwerbsbetrieben zu vernei-
nen, weil die Errichtung eines zweiten Wohnhauses schon
aus wirtschaftlichen Gründen nicht sinnvoll ist und deshalb
dem Nebenerwerbsbetrieb nicht dient. Bei Nebenerwerbsbetrieben ist der frühere Hofinhaber auch typischerweise nicht
in die Mitarbeit des Hofes einbezogen. Der Raumbedarf des
Altlandwirts ist am Nutzungszweck auszurichten und muss
angemessen sein. Das Altenteilerhaus dient typischerweise
als Wohnung nur für einen Zwei-Personen-Haushalt, nämlich dem ausgeschiedenen Landwirt und seiner Ehefrau. Ein
Wohnraum von bis zu 100 m$^2$ dürfte für den Regelfall deshalb
ausreichend und angemessen sein. Diesen beschränkten Nut-

zungszweck wollen sich die Baubehörden regelmäßig sichern lassen. Das Bewohnen des Altenteilerhauses durch einen Dritten stellt eine Nutzungsänderung dar, die planungsrechtlich kaum genehmigungsfähig ist und jedenfalls von der Bauaufsichtsbehörde untersagt werden könnte (Nutzungsuntersagung). Hiervon zu unterscheiden ist die zwischenzeitliche Nutzung zu anderen Zwecken, etwa wenn der Altenteiler zunächst noch auf dem Hof wohnen bleibt und das Altenteilerhaus vorübergehend vermietet wird. Dabei muss jedoch ein zeitlicher Zusammenhang zwischen der beabsichtigten Hofübergabe und der Errichtung des Altenteilerhauses bestehen. Ist die Hofübergabe überhaupt ungewiss oder steht sie in weiter Ferne, dient die Errichtung eines Altenteilerhauses nicht dem landwirtschaftlichen Betrieb.

Landarbeiterstellen gehören seit 1998 nicht mehr zu den privilegierten Vorhaben. Unter einer Landarbeiterstelle ist ein im Eigentum eines Landarbeiters (Kötter) stehendes Grundstück mit einem selbst genutzten Wohnhaus zu verstehen. Die Landarbeiterstelle ist weder Teil eines landwirtschaftlichen Betriebes noch stellt sie selbst einen Nebenerwerbsbetrieb dar. Für sie ist kennzeichnend, dass sie zu einen oder mehreren Fremdbetrieben in Beziehung stehen, weil der Landarbeiter dort beschäftigt ist.

Von der Privilegierung des § 35 Abs. 1 Nr. 1 BauGB können hingegen weiterhin Landarbeiterwohnungen (Heuerlingswohnungen) erfasst werden. Dabei handelt es sich um Wohnungen auf oder in unmittelbarer Nähe der Hofstelle. Anders als die Landarbeiterstellen stehen sie im Eigentum des Hofinhabers. Sie sind nur dann zulässig, wenn wegen der Art und der Größe des Betriebes dauerhaft mit der Beschäftigung von Landarbeitern zu rechnen ist. Stehen die Errichtungskosten für eine Landarbeiterwohnung in keinem angemessenen Verhältnis zu den betrieblichen Vorteilen, fehlt es an der dienenden Funktion.

**5. Untergeordneter Teil der Betriebsfläche**

Die Privilegierung nach § 35 Abs. 1 Nr. 1 BauGB setzt weiter voraus, dass das Vorhaben nur einen untergeordneten Teil der Betriebsfläche einnimmt. Das Vorhaben ist mithin zu den Flächen des Gesamtbetriebes einschließlich der Pachtflächen ins Verhältnis zu setzen. In der Regel bereitet dieses Tatbestandsmerkmal bei großflächigen Betrieben keine Probleme. Im Übrigen wird eine Begrenzung durch das Merkmal des „Dienens" und durch das Gebot zur Schonung des Außenbereichs (§ 35 Abs. 5 BauGB siehe unten) erreicht.

**II. Gartenbaubetriebe**

Nach § 35 Abs. 1 Nr. 2 BauGB ist ein Vorhaben privilegiert, wenn es einem Betrieb der gartenbaulichen Erzeugung dient. Der Gesetzgeber hat die Betriebe der gartenbaulichen Erzeugung separat erfasst, weil die großflächigen Gewächshäuser das Kriterium, nur einen untergeordneten Teil der Betriebsfläche einzunehmen, oft nicht erfüllten.

Bei der gartenbaulichen Erzeugung muss es sich im Grundsatz auch um die Nutzung des Bodenertrags handeln. Nach der herrschenden Meinung reicht es dazu aus, dass die Pflanzenerzeugung auf sog. Pflanzentischen ohne Verbindung mit dem natürlichen Erdboden und auf Substraten, die mit dem natürlichen Boden nichts mehr zu tun haben, stattfindet. Der Begriff der „gartenbaulichen Erzeugung" erfasst jedoch nur die Produktion selbst erzeugter Pflanzen, nicht aber eine Betätigung mit fremd erzeugten Pflanzen, z.B. im Sinne eines sog. Pflanzenleasings.

Für das Vorliegen eines Betriebes und das Merkmal des „Dienens" gelten für Betriebe der gartenbaulichen Erzeugung dieselben Kriterien wie für land- und forstwirtschaftliche Betriebe im Sinne von § 35 Abs. 1 Nr. 1 BauGB.

## III. Ortsgebundene Betriebe

Privilegiert sind durch § 35 Abs. 1 Nr. 3 BauGB öffentliche Versorgungsbetriebe für Elektrizität, Gas, Telekommunikationsdienstleistungen, Wärme und Wasser, der Abwasserwirtschaft dienende Vorhaben sowie ortsgebundene Betriebe. Ortsgebunden ist ein gewerblicher Betrieb, wenn das betreffende Gewerbe nach seinem Wesen und seinem Gegenstand und nicht etwa nur aus Gründen der Rentabilität auf die geografische oder geologische Eigenart der fraglichen Stelle angewiesen ist. Das Tatbestandsmerkmal ist eng auszulegen. Das Bundesverwaltungsgericht verlangt für alle Vorhaben der Nr. 3 eine Standortgebundenheit, obwohl der Wortlaut die Ortsgebundenheit nur auf gewerbliche Betrieb erstreckt. Die spezifische Ortsgebundenheit fehlt, wenn der Standort im Vergleich mit anderen Stellen zwar Lagevorteile bietet, das Vorhaben damit aber nicht steht oder fällt, ob es hier und so oder irgendwo anders ausgeführt werden kann. Die ökologischen und ökonomischen Vorteile, die der Standort an einem Gewässer für einen Holzlagerplatz bietet, reichen deshalb für eine Privilegierung nicht aus. Ortsgebundene privilegierte Vorhaben sind hingegen Bergwerksanlagen, Kiesgruben, Sandabgrabungen, Steinbrüche, Torfstechereien, Windmühlen und Ziegeleien.

## IV. Zweckgebundene Betriebe

Von dem Privilegierungstatbestand des § 35 Abs. 1 Nr. 4 BauGB werden Vorhaben erfasst, die wegen ihrer besonderen Anforderungen an die Umgebung, wegen ihrer nachteiligen Wirkung auf diese oder wegen ihrer besonderen Zweckbestimmung nur im Außenbereich ausgeführt werden sollen.

Die Privilegierung in allen drei Fallgruppen setzt voraus, dass die Errichtung des Vorhabens im Außenbereich gerade durch die besondere Eigenart des Vorhabens erfordert wird. Die Vorschrift wird zum Schutze des Außenbereichs eng ausgelegt. Bei der Prüfung ist auf das konkrete Vorhaben in der jeweiligen Gemeinde abzustellen; eine typisierende Betrachtung ist deshalb verfehlt. So kann etwa eine Jagdhütte privilegiert sein, wenn sie objektiv der Jagd dient und in dem zu bejagenden Bezirk liegt. Wohnt der Jäger hingegen in einer solchen räumlichen Nähe zum Jagdrevier, dass er es in angemessener Zeit erreichen kann, so ist die Errichtung einer Jagdhütte nicht für die Jagdausübung erforderlich und in der Regel als sonstiges Vorhaben nicht genehmigungsfähig. Die Privilegierung verlangt deshalb stets eine Wertung, ob das Vorhaben im Außenbereich auch zugelassen werden soll. Sport- und Freizeitanlagen, die nur dem Grundstückseigentümer oder Vereinsmitgliedern und nicht der Öffentlichkeit zur Nutzung zur Verfügung stehen, sind deshalb in der Regel nicht privilegiert. Tennisplätze, Hundesportplätze, Golfübungsplätze oder ein privater Sportboothafen können nicht auf der Grundlage von § 35 Abs. 1 Nr. 4 BauGB errichtet werden.

Besondere Anforderungen an die Umgebung stellen etwa Aussichtstürme, Freilichttheater, Wetterstationen. Unter die Vorhaben mit nachteiligen Auswirkungen auf die Umwelt fallen vor allem Betriebe, die wegen ihrer umweltbelastenden Emissionen oder wegen des ihnen innewohnenden Gefährdungspotenzials nicht im Innenbereich untergebracht werden können. Dazu gehören Intensivtierhaltungen (Schweine, Hühner), Tierkörperbeseitigungsanstalten, Sprengstofffabriken, Zementfabriken. Ein Vorhaben ist ferner nach § 35 Abs. 1 Nr. 4 BauGB privilegiert, wenn es wegen seiner besonderen Zweckbestimmung nur im Außenbereich ausgeführt werden kann. Danach sind z.B. Vorhaben privilegiert, die von ihrem Zweck her der Funktion des Außenbereichs als Erholungslandschaft für die Allgemeinheit entsprechen, wie z.B. Schutzhütten, Berg- und Skihütten oder Badehütten. Erforderlich ist jedoch immer, dass diese der Allgemeinheit zur Verfügung stehen.

## V. Wind- und Wasserenergie

Gemäß § 35 Abs. 1 Nr. 5 BauGB sind Vorhaben zulässig, die der Erforschung, Entwicklung oder Nutzung der Wind- oder Wasserenergie dienen. Die Vorschrift hat in der Praxis zunehmend an Bedeutung gewonnen, da sich der Betrieb von Windenergieanlagen auf Grund der wirtschaftlichen Förderung durch das EEG (Erneuerbare-Energien-Gesetz) als sehr rentabel erweist. Die Vergütung von Strom aus Windkraft wurde in den letzten Jahren zwar abgesenkt, allerdings wurden auch ökonomische Anreize für eine Effektivitätssteigerung neu geschaffen. Das sog. Repowering, bei dem alte Anlagen durch leistungsstärkere und damit auch größere ersetzt werden, wirft die Frage der Genehmigungspflicht und –fähigkeit neu auf. In diesem Zusammenhang ist festzuhalten, dass nur noch Anlagen bis 50 m Gesamthöhe, die heute in der Praxis auf Grund des technischen Fortschritts nur noch selten vorkommen, im Baugenehmigungsverfahren genehmigt werden müssen. Seit dem 01.07.2005 bestimmt Nr. 1.6 des Anhangs der 4. BImSchV, dass Windkraftanlagen mit einer Gesamthöhe von mehr als 50 m einer immissionsschutzrechtlichen Genehmigung bedürfen. Zur UVP-Pflichtigkeit einer Windfarm siehe Nr. 1.6 der Anlage 1 zum UVPG. Eine Windfarm ist dadurch gekennzeichnet, dass sie aus mindestens drei Windkraftanlagen besteht, die einander räumlich so zugeordnet sind, dass sich ihre Einwirkungsbereiche überschneiden oder wenigstens berühren.

Vorteil des Repowering ist es infolge des technologischen Fortschritts, den Energieertrag bei gleich bleibender oder sogar sinkender Anlagenanzahl insgesamt zu erhöhen und die Naturschutzverträglichkeit der Windenergienutzung zu verbessern. Schließlich bietet das Repowering die Möglichkeit, Altanlagen in der „verspargelten" Landschaft, d.h. außerhalb der Konzentrationszonen durch Repowering-Anlagen in den zwischenzeitlich ausgewiesenen Eignungs- und Vorranggebieten zu ersetzen; Einzelanlagen und bestehende Streulagen können beseitigt und das Landschaftsbild insgesamt entlastet werden. Dem ist jedoch entgegenzuhalten, dass § 10 Abs. 3 EEG eine Obergrenze nicht enthält, so dass jede Altanlage durch eine größere Neuanlage ersetzt werden könnte, so dass das wesentliche Ziel des Repowerings, nämlich eine Entlastung des Landschaftsbildes, nicht erreicht wird. Dem Repowering steht bauplanungsrechtlich ferner entgegen, dass die hierfür erforderlichen Flächen fehlen, weil auf Planungsebene zu niedrige Höhenbegrenzungen in den Konzentrationszonen festgesetzt wurden und weil weiterhin die Standorte so nah an Wohngebieten liegen, dass die Repowering-Anlagen die Abstandsregelungen nicht einhalten können.

So besagt etwa Ziff. 8.1.1 des Windenergie-Erlasses des Landes NRW, dass sich unter Berücksichtigung der Prognoseunsicherheit für Windkraftanlagen z.B. ein typischer Abstand von 1.500 m für ein Windfeld bestehend aus sieben Windkraftanlagen der zwei MW-Klasse zu einem reinen Wohngebiet ergibt. Für Einzelanlagen verlangen einige Gerichte auf Grund der „erdrückenden Wirkung" einen Mindestabstand der dreifachen Gesamthöhe zum nächstgelegenen Wohnhaus. Je weiter indes die Windenergieanlagen in den Außenbereich gedrängt werden, desto unproblematischer sind zwar die Umwelteinwirkungen auf den Menschen, aber desto problematischer werden die Umwelteinwirkungen auf die Natur und auf andere Nutzungen des Außenbereichs.

Gerade der Vogelschutz kann sich im Einzelfall als Problem darstellen, wenn Fledermäuse oder Greifvögel Opfer von Windenergieanlagen werden können. Die Gerichte entscheiden hier nicht nur in ausgewiesenen und faktischen Vogelschutzgebieten, sondern auch außerhalb dieser Gebiete meist zugunsten des Vogelschutzes. Oft wird den Anlagenbetreibern auferlegt nachzuweisen, dass ihre Anlagen nach gegenwärtigem Stand der wissenschaftlichen Erkenntnisse keine Auswirkung auf die Natur haben. Es gibt aber auch konstruktive Lösungen dieses Konfliktes. An einem Standort, an dem ein erhöhtes Fledermaus-Aufkommen zu verzeichnen war, haben sich Kommune und Betreiber – neben einem Fledermaus-Monitoring – darauf verständigt, dass die Windenergieanlagen vom 15.06. bis 30.09. eines jeden Jahres bei Windgeschwindigkeiten unter 4,5 m pro Sekunde nachts abgeschaltet werden. Untersuchungen hatten ergeben, dass hierdurch das Gefährdungspotenzial für die Fledermäuse um 90 % reduziert wird, die Einnahmeverluste des Betreibers sich aber nur auf 2 Promille belaufen.

Mit der zunehmenden Verdrängung in den Außenbereich steigt auch die Bedeutung des Luftverkehrsrechts in den Zulassungsverfahren für Windenergieanlagen, weil die Anlagen infolge des technischen Fortschritts immer höher werden. Das Luftverkehrsrecht kann unmittelbar den konkreten Standort von Windenergieanlagen beeinflussen, da Anlagen insbesondere den Baubeschränkungen im Bauschutzbereich von Flughäfen unterliegen, § 12 Luftverkehrsgesetz (LuftVG). Auch außerhalb dieser Bauschutzbereiche bedürfen Windenergieanlagen mit einer Höhe von mehr als 100 m der Zustimmung der Luftfahrtbehörde (§ 14 Abs. 1 LuftVG) und die Versagung dieser Zustimmung kann ein Vorhaben auch dann unzulässig machen, wenn das Vorhaben in einem ausgewiesenen Vorranggebiet für Windenergieanlagen liegt.

Ungeachtet des Vorliegens einer solchen Zustimmung muss die Windenergieanlage Rücksicht auf Flughäfen nehmen. Die Rechtsprechung gewährt selbst im Falle des Vorliegens einer luftfahrtbehördlichen Zustimmung dem Betreiber eines nach LuftVG genehmigten Flugplatzes ein schutzwürdiges Interesse am Betrieb seines Flugplatzes. Unter welchen Voraussetzungen, insbesondere in welchem Abstand eine Windenergieanlage die Sicherheit und Leichtigkeit des Flugverkehrs und auch den Betreiber eines Flugplatzes nicht mehr zumutbar beeinträchtigt, ist stark von den Umständen des Einzelfalls abhängig. So wurde die Unzulässigkeit bei 300 m Entfernung der Anlage von der Start- und Landebahn eines Segelflugplatzes von der Rechtsprechung angenommen. Zu den luftverkehrlichen Interessen können im Einzelfall auch Belange der wirksamen Landesverteidigung hinzutreten. So wurde die Zulässigkeit einer Windenergieanlage in einer Nachttiefflugübungsstrecke für Hubschrauber der Heeresflieger und eine weitere im Schutzbereich einer militärischen Radaranlage zur großräumigen Überwachung des Luftraumes verneint. Problematisch ist, dass solche Tieffluggebiete nicht immer in einem transparenten Verfahren bzw. auch die Anordnung militärischer Schutzbereiche nur eingeschränkt bekannt gegeben werden; die Anordnungen werden nicht in einem Amtsblatt veröffentlicht.

Obwohl Solaranlagen nach dem Willen des Gesetzgebers nicht auf den Außenbereich angewiesen sind, da diese im Innenbereich auf Dächern und Fassaden errichtet werden können, kann nach den Grundsätzen des „mitgezogenen Betriebsteils" eine Solaranlage zur Stromerzeugung am Standort einer Windenergieanlage vom Privilegierungstatbestand des § 35 Abs. 1 Nr. 5 BauGB erfasst sein, wenn der von ihr erzeugten Energie hinsichtlich der Erzeugung, Erforschung oder Entwicklung der Windenergie eine „dienende" Funktion zukommt. Nach anfänglicher Zustimmung wird dies jedoch inzwischen von der Rechtsprechung regelmäßig verneint.

## VI. Biomasseanlagen

Privilegiert nach § 6 Abs. 1 Nr. 6 BauGB ist auch die energetische Nutzung von Biomasse im Rahmen eines Betriebes nach Nr. 1 (Land- bzw. Forstwirtschaft) bzw. Nr. 2 (gartenbauliche Erzeugung) oder eines Betriebes nach Nr. 4, der Tierhaltung betreibt. Die Biogasanlage ist also nicht als solche privilegiert. Das bedeutet auch, dass die Herstellung von Biomasse nicht (alleiniger) Primärzweck der genannten Betriebe sein darf.

§ 35 Abs. 1 Nr. 6 BauGB stellt gegenüber der Privilegierung nach § 35 Abs. 1 Nr. 1 BauGB aber auch keine abschließende (verdrängende) Regelung in dem Sinne dar, dass ein landwirtschaftlicher Betrieb seine Biomasse als „mitgezogener Betriebsteil" verwerten darf.

Auch landwirtschaftliche Nebenerwerbsbetriebsstellen sind landwirtschaftliche Betriebe im Sinne von § 35 Abs. 1 Nr. 1 BauGB, so dass auch sie den Rahmen für eine Biogasanlage nach § 35 Abs. 1 Nr. 6 BauGB bilden können.

§ 35 Abs. 1 Nr. 6 BauGB definiert den Begriff der Biomasse nicht selbst. Aus dem energiepolitischen Zusammenhang kann auf das Erneuerbare-Energien-Gesetz (EEG) und die dazu erlassene Biomasseverordnung (BiomasseV) zurückgegriffen werden. Die Verordnung unterscheidet nach „anerkannter Biomasse" und „nicht anerkannter Biomasse". Anerkannte Biomasse sind z.b. Pflanzen- und Pflanzenbestandteile, Abfälle und Nebenprodukte pflanzlicher oder tierischer Herkunft, und zwar aus der Land- oder der Forstwirtschaft; in Betracht kommen danach Gülle oder Mist aus der Tierhaltung, Landschaftspflegeholz, Stroh und Getreide geringer Qualität. Nicht anerkannte Biomasse sind z.b. gemischte Siedlungsabfälle aus privaten Haushalten, Tierkörper oder Tierkörperteile, welche dem Tierkörperbeseitigungsgesetz unterfallen, und Torf.

Grundsätzlich sind die Anforderungen des § 6 Abs. 2 des Kreislaufwirtschafts- und Abfallgesetzes (Krw-/AbfG) zu beachten, insbesondere dass ein Mindestheizwert von 11.000 kj/kg erzielbar sein muss.

Das Vorhaben muss dem Anschluss an das öffentliche Versorgungsnetz dienen. Damit ist die private Versorgung des Betriebsinhabers insoweit ausgeschlossen.

Zwischen der Biogasanlage und dem „Basisbetrieb" muss ein räumlich-funktionaler Zusammenhang bestehen. Bezugspunkt ist die Kernbetriebsstätte, welche die Privilegierung des Betriebs rechtfertigt. In deren Rahmen soll die Biomasse umgesetzt werden; die Biogasanlage wird nicht isoliert privilegiert. Die Rechtsprechung hat eine räumliche Entfernung von 300 m als nicht mehr genügend angesehen. Die funktionale Zuordnung verlangt, dass die verwertende Nutzung der Biomasse auch in einem betriebstechnischen Zusammenhang mit der tatsächlich bereits vorhandenen Betriebsstruktur stehen muss. Es ist mit der Biogasanlage an eine (vorhandene) bauliche Struktur anzuknüpfen. Der räumlich-funktionale Zusammenhang zum Betrieb ist daher nicht gegeben bei Zuordnung einer Anlage zu einer für den Anbau nachwachsender Rohstoffe landwirtschaftlich genutzten Fläche (Verwertung der Biomasse an Ort und Stelle).

Die zu verwertende Biomasse muss überwiegend, d.h. über 50%, aus dem Betrieb und nahe gelegenen Betrieben stammen. Kooperieren nahe gelegene Betriebe miteinander, ist eine Gesamtbetrachtung geboten. Maßgebend ist nur das Volumen bezogen auf die Verwertung in der privilegierten Anlage. Die in der Zusammensetzung der verwerteten Biomasse beteiligten Betriebe können mit sehr geringen Quoten am Gesamtvolumen beteiligt sein. Auch bei einer Kooperation muss die Anlage dem Betrieb, „in dessen Rahmen" sie betrieben wird, unmittelbar rechtlich zugeordnet sein. Eine eigene Trägerschaft der „Gemeinschaftsanlage" in Form einer GmbH, einer Genossenschaft oder einer Gesellschaft bürgerlichen Rechts ist damit ausgeschlossen. Stammt die in der Anlage verwertete Biomasse nicht mehr überwiegend aus dem eigenen und/oder den nahe gelegenen Betrieben, führt dies bei gleich bleibender Menge der zu verwertenden fremden Biomasse zu einem materiell baurechtswidrigen Zustand.

Je Hofstelle oder Betriebsstandort darf nach § 35 Abs. 1 Nr. 6 lit. c BauGB nur eine Anlage betrieben werden. Dadurch werden Betriebe privilegiert, die nach ihrer Betriebsstruktur über mehrere Hofstellen oder Betriebsstandorte verfügen.

Die installierte elektrische Leistung (nicht: Wärmeleistung) der Anlage darf 0,5 MW nicht überschreiten.

## VII. Ausreichende Erschließung

Anders als in Gebieten mit Bebauungsplänen und im unbeplanten Innenbereich verlangt § 35 Abs. 1 BauGB für die privilegierten Vorhaben nur eine ausreichende Erschließung. Die Anforderungen an die ausreichende Erschließung richten sich nach den jeweiligen Gegebenheiten, also nach den Auswirkungen und Bedürfnissen des jeweiligen Vorhabens. Gegenüber den Anforderungen an die Erschließung im Planbereich oder im Innenbereich kommt es nur darauf an, dass ein Mindestmaß an Zugänglichkeit der Grundstücke für Kraftfahrzeuge sowohl des Nutzers des privilegierten Betriebes als auch für öffentlichen Zwecken dienende Fahrzeuge, wie z.B. die der Polizei, der Feuerwehr, des Rettungswesens und der Ver- und Entsorgung, erfüllt wird. Die Anforderungen sind daher auf die konkreten Umstände abzustellen, insbesondere die Betriebsgröße und den Umfang der Wohnnutzung. Bei kleinen Betrieben, die herkömmlich durch Wirtschafts-, Feld- oder Waldwege erschlossen werden, kann daher nicht allgemein ein befestigter Weg gefordert werden.

## F. Sonstige Vorhaben nach § 35 Abs. 2 BauGB

Nach § 35 Abs. 2 BauGB können nicht nach Abs. 1 privilegierte Vorhaben (sonstige Vorhaben) im Einzelfall zugelassen werden, wenn ihre Ausführung oder Benutzung öffentliche Belange nicht beeinträchtigt und wenn die Erschließung gesichert ist. Jede Beeinträchtigung eines öffentlichen Belangs (vgl. § 35 Abs. 3 BauGB) führt zur Unzulässigkeit des Vorhabens, eine Kompensation der Vor- und Nachteile im Sinne einer Aufrechnung ist nicht möglich. Auf die Prüfung öffentlicher Belange können weder die Gemeinde noch ein privater Betroffener verzichten; § 35 Abs. 2 BauGB ist somit nicht disponibel. Liegt etwa ein Verstoß gegen das Gebot der Rücksichtnahme durch einen emittierenden Betrieb im Außenbereich vor, führt ein Verzicht des betroffenen Nachbarn zwar zum Verlust seines nachbarlichen Abwehrrechts gegen das Vorhaben. An der (objektiven) Unzulässigkeit ändert sich dadurch jedoch nichts; die Bauaufsichtsbehörde hat die Erteilung der Baugenehmigung grundsätzlich abzulehnen.

## G. Entgegenstehen öffentlicher Belange, § 35 Abs. 3 BauGB

Fällt ein Vorhaben unter einen der in § 35 Abs. 1 BauGB aufgeführten Tatbestände, ist es gleichwohl unzulässig, wenn öffentliche Belange entgegenstehen. Beispiele öffentlicher Belange sind in § 35 Abs. 3 BauGB aufgeführt. In den Fällen der sonstigen Vorhaben nach § 35 Abs. 2 BauGB dürfen öffentliche Belangen nicht beeinträchtigt werden; in den Fällen privilegierter Vorhaben nach § 35 Abs. 1 BauGB dürfen sie nicht entgegenstehen. Hieraus ergibt sich ein unterschiedliches Gewicht, das den von einem Vorhaben berührten öffentlichen Belangen bei der Beurteilung der Zulässigkeit von Vorhaben zukommt. Bei der Abwägung, die zwischen den privaten Interessen des Bauwilligen und den öffentlichen Belangen vorzunehmen ist, ist der vom Gesetzgeber vorgenommenen Privilegierung der Vorhaben nach § 35 Abs. 1 BauGB entsprechendes Gewicht beizumessen. Dadurch ist in Rechnung zu stellen, dass der Gesetzgeber die Vorhaben nach § 35 Abs. 1 BauGB in planähnlicher Weise dem Außenbereich zugewiesen und ihnen damit Vorrang eingeräumt hat. Ein öffentlicher Belang ist auch das Gebot der Rücksichtnahme, das einen objektiv-rechtlichen Gehalt besitzt und zugleich subjektiv-rechtlichen, d.h. nachbarschützenden Charakter hat. So kann sich z.B. bei der Abwägung der Schutz der Nachbarschaft vor schädlichen Umwelteinwirkungen auch gegenüber dem privilegierten Schweinemastbetrieb durchsetzen.

## I. Öffentliche Belange, § 35 Abs. 3 Satz 1 BauGB

Der Gesetzgeber hat in § 35 Abs. 3 Satz 1 BauGB eine Aufzählung öffentlicher Belange in Form von Regelbeispielen vorgenommen.

## 1. Widerspruch zu den Darstellungen des Flächennutzungsplans

Die im Flächennutzungsplan zum Ausdruck gebrachten planerischen Vorstellungen der Gemeinde gehören nach § 35 Abs. 3 Satz 1 Nr. 1 BauGB als Konkretisierung dessen, was im Einzelfall als die geordnete städtebauliche Entwicklung anzusehen ist, zu den öffentlichen Belangen.

Dem Flächennutzungsplan kommt allerdings keine begünstigende Wirkung zu. Er ist nicht geeignet, die Zulässigkeit eines Vorhabens zu begründen, wenn diesem andere öffentliche Belange entgegenstehen. Stellt der Flächennutzungsplan ein Grundstück als Fläche für die Landwirtschaft dar, ist der Bauantrag für ein landwirtschaftliches Stallgebäude gleichwohl abzulehnen, wenn das Vorhaben etwa das Landschaftsbild beeinträchtigt oder schädliche Umwelteinwirkungen hervorruft.

## 2. Darstellungen des Landschaftsplans oder eines sonstigen Fachplans

Dieser öffentliche Belang nach § 35 Abs. 3 Satz 1 Nr. 2 BauGB berücksichtigt vor allem Fachpläne des Umweltrechts. Darunter fallen die Landschaftspläne, die wasserwirtschaftlichen Pläne, die Abfallwirtschafts-, die Luftreinhalte- und Lärmminderungspläne. Nicht hierunter fallen Wasserschutzgebietsverordnungen. Sie haben nicht nur den Charakter öffentlicher Belange, sondern wirken als eigenständige, normative Zulassungsschranke.

## 3. Schädliche Umwelteinwirkungen

Öffentliche Belange werden gemäß § 35 Abs. 3 Satz 1 Nr. 3 BauGB beeinträchtigt, wenn ein Vorhaben schädliche Umwelteinwirkungen hervorruft oder ihnen, z.B. durch einen vorhandenen Betrieb, ausgesetzt sein würde. Unter schädliche Umwelteinwirkungen fallen alle Immissionen, die nach Art, Ausmaß oder Dauer geeignet sind, Gefahren, erhebliche Nachteile oder erhebliche Belästigungen für die Allgemeinheit oder die Nachbarschaft herbeizuführen. Die Erscheinungsformen sind vielfältig, in der Landwirtschaft betreffen sie vor allem Gerüche, Lärm und Schwebstaubkonzentrationen.

Für die Erheblichkeit von Nachteilen und Belästigungen gilt der Zumutbarkeitsmaßstab. Behörden und Rechtsprechung bedienen sich für die Zumutbarkeitsprüfung durchweg technischer Regelwerke wie der TA-Lärm, der TA-Luft, der VDI-Richtlinie 3471 (Schweine), der VDI-richtlinie 3472 (Hühner) und der Geruchsimmissionsrichtlinie (GIRL).

Zumutbarkeitsfragen stellen sich nicht nur bei Abwehransprüchen von Eigentümern wohngenutzter Grundstücke gegenüber emittierenden Betrieben, sondern auch umgekehrt. Allerdings muss die heranrückende Wohnbebauung auf das Interesse eines Landwirts, seinen Betrieb in der Zukunft in den Außenbereich hinein zu erweitern, dann keine Rücksicht nehmen, wenn das Erweiterungsinteresse vage und unrealistisch ist. Es wird zumindest der Antrag auf einen Bauvorbescheid verlangt.

Zu dem Rücksichtnahmegebot hat das Bundesverwaltungsgericht entschieden, dass bei dem Zusammentreffen einer emittierenden vorhandenen Anlage (dort Sportplatz) und heranrückender Wohnbebauung den Bauwilligen des Wohnbauvorhabens eine Obliegenheit trifft, durch Platzierung seines Gebäudes auf dem Grundstück, Grundrissgestaltung und andere ihm mögliche und zumutbare Maßnahmen der „architektonischen Selbsthilfe" seinerseits die gebotene Rücksicht darauf zu nehmen, dass die Wohnnutzung nicht unzumutbaren Lärmbelästigungen von Seiten der Sportplatznutzung ausgesetzt ist. Der Anlagenbetreiber seinerseits kann nicht darauf vertrauen, dass er nur deshalb von Auflagen zum Schutz heranrückender Wohnbebauung von Lärm verschont bleibt, weil seine Anlage zuerst entstanden ist. Diese Grundsätze sind auf emittierende Betriebe der Landwirtschaft und heranrückende Wohnbebauung übertragbar. Daher ergibt sich bei heranrückender Wohnbebauung eine Handlungspflicht des Landwirtes.

### 4. Unwirtschaftliche Aufwendungen

Öffentliche Belange werden nach § 35 Abs. 3 Satz 1 Nr. 4 BauGB auch beeinträchtigt, wenn das Vorhaben unwirtschaftliche Aufwendungen für Straßen oder andere Verkehrseinrichtungen, für Anlagen der Versorgung oder Entsorgung, für die Sicherheit oder Gesundheit oder für sonstige Aufgaben erfordert. Unwirtschaftliche Aufwendungen werden durch ein Vorhaben ausgelöst, wenn seine Genehmigung Erschließungsanlagen oder neue Aufgaben zur Folge hätte, deren Herstellung oder Übernahme zum Aufgabenkreis der Gemeinde oder anderer öffentlicher Träger gehören würde. Die Aufwendungen sind unwirtschaftlich, wenn sie in einem Missverhältnis zu dem erzielbaren Nutzen stehen oder wenn sie den Haushalt des Erschließungsträgers in unzumutbarer Weise oder zu einem nach der Finanzplanung ungeeigneten Zeitpunkt belasten. Hierbei sind nicht nur die Kosten für die Fertigstellung, sondern auch die Unterhaltungskosten zu berücksichtigen. Dieser Aspekt wird von den Gemeinden wegen des immer größer werdenden Maschinenparks in der Landwirtschaft angeführt, z.B. bei Windkraftanlagen oder Maststallbauten. Dazu wird dann häufig eine Lösung mittels eines städtebaulichen Vertrages gesucht, wonach der Landwirt sich zumindest an den Herstellungs- und Unterhaltungskosten beteiligt. Festzuhalten bleibt aber, dass die Herstellung oder Übernahme von Erschließungsanlagen zum originären Aufgabenkreis der Gemeinde gehören.

**5. Belange des Naturschutzes und der Landschaftspflege, des Bodenschutzes, des Denkmalschutzes, die natürliche Eigenart der Landschaft und ihr Erholungswert, das Orts- und Landschaftsbild**

**a) Belange des Naturschutzes und der Landschaftspflege**
Die Belange des Naturschutzes und der Landschaftspflege sind nach § 35 Abs. 3 Satz 1 Nr. 5 BauGB (rechtlich) beeinträchtigt, wenn das Vorhaben im Schutzbereich eines Landschafts- oder Landschaftsrahmenplanes liegt und die Voraussetzungen einer Ausnahmegenehmigung nicht vorliegen. Sie sind ferner (tatsächlich) beeinträchtigt, wenn eine förmliche Unterschutzstellung zwar nicht oder noch nicht stattgefunden hat, die Ziele und Grundsätze des Naturschutzes und der Landschaftspflege aber negativ getroffen werden. Belange des Naturschutzes und der Landschaftspflege zielen darauf, die Leistungs- und Funktionsfähigkeit des Naturhaushalts, die Regenerationsfähigkeit und nachhaltige Nutzungsfähigkeit der Naturgüter, die Tier- und Pflanzenwelt einschließlich ihrer Lebensstätten und Lebensräume sowie die Vielfalt, Eigenart und Schönheit sowie den Erholungswert von Natur und Landschaft auf Grund ihres eigenen Wertes und als Lebensgrundlage des Menschen auf Dauer zu sichern.

Probleme für Bauvorhaben ergeben sich auch im Zusammenhang mit der Richtlinie zur Erhaltung der natürlichen Lebensräume sowie der wildlebenden Tiere und Pflanzen, Fauna-Flora-Habitat-Richtlinie (FFH-RL) und der Richtlinie über die Erhaltung der wildlebenden Vogelarten, Vogelschutz-Richtlinie (VRL). Das europäische Gemeinschaftsrecht hat es sich zum Ziel gesetzt, durch die Einrichtung eines Netzes besonderer Schutzgebiete (Natura 2000) und die Begründung eines strengen Schutzregimes Gewähr für eine wirksame Sicherung der Lebensräume bedrohter Tier- und Pflanzenarten zu bieten. Für Vorhaben im Außenbereich kann daher eine habitatschutzrechtliche Verträglichkeitsprüfung nach § 34 Bundesnaturschutzgesetz (BNatSchG) erforderlich sein.

Danach sind Projekte vor ihrer Zulassung oder Durchführung auf ihre Verträglichkeit mit den Erhaltungszielen eines FFH- oder Vogelschutzgebietes zu überprüfen.

Bis zu ihrer ordnungsgemäßen Unterschutzstellung gilt für faktische Vogelschutzgebiete ein Beeinträchtigungs- und Störungsverbot. Von einem faktischen Vogelschutzgebiet ist auszugehen, wenn es aus ornithologischer Sicht für die Erhaltung der in der VRL aufgeführten Vogelarten von so herausragender Bedeutung ist, dass es in dem Mitgliedsstaat zu den zahlen- und flächenmäßig am geeignetsten im Sinne der VRL gehört.

Ein vorgezogener Schutz gilt auch für potenzielle FFH-Gebiete. Potenzielle FFH-Gebiete sind die Flächen, für die die sachlichen Kriterien der FFH-RL erfüllt sind, also die darin vorhandenen Lebensraumtypen eindeutig den Merkmalen der FFH-RL entsprechen, so dass sich die Gebietsmeldung aufdrängt. Maßgeblich dafür sind nach der Rechtsprechung allein naturschutzfachliche Kriterien. (Kommunal-) Politische oder wirtschaftliche Gesichtspunkte haben ebenso außer Betracht zu bleiben wie sonstige Zweckmäßigkeitserwägungen.

Stellt die jeweilige Prüfung der Verträglichkeit des Vorhabens erhebliche Beeinträchtigungen des Gebietes fest, ist es grundsätzlich unzulässig. Bei einer regulären Unzulässigkeit kann nach einer habitatschutzrechtlichen Sonderprüfung das Vorhaben nur noch ausnahmsweise zugelassen werden. Es ist dann zunächst das Bestehen einer zumutbaren Alternative zu prüfen. In Betracht kommt sowohl die Wahl eines anderen Standortes als auch eine andere Art der Ausführung. Bei der Zumutbarkeit einer Alternative ist der Grundsatz der Verhältnismäßigkeit zu beachten; Kostengesichtspunkte sind angemessen zu berücksichtigen. Gibt es keine zumutbare Alternative, muss das Projekt aus „zwingenden Gründen des überwiegenden öffentlichen – nicht privaten – Interesses, einschließlich solcher sozialer oder wirtschaftlicher Art, notwendig" sein, um zugelassen werden zu können.

Nicht von minderer Bedeutung für die Zulässigkeit ist das immer mehr in den Mittelpunkt der Beachtung rückende Arten- und Biotopschutzrecht. Die Verbote des besonderen und strengen Artenschutzrechtes (§ 42 Abs. 1 BNatSchG) gelten auch für Vorhaben nach § 35 BauGB. Eine Ausnahme oder eine Befreiung ist nur unter engen Voraussetzungen möglich. Ebenso findet der gesetzliche Biotopschutz (z.B. § 62 Landschaftsgesetz des Landes Nordrhein-Westfalen [LG NRW]) auf Vorhaben nach § 35 BauGB unmittelbar Anwendung. Es ist regelmäßig verboten, die Biotope zu zerstören oder erheblich oder nachhaltig zu beeinträchtigen. Ausnahmen können nur zugelassen werden bei überwiegenden Gründen des Gemeinwohls und/oder wenn die Beeinträchtigungen ausgeglichen werden können. Neben diesen engen Ausnahmen können im Einzelfall auch Befreiungsmöglichkeiten bestehen (vgl. z.B. § 69 LG NRW).

**b) Belange des Bodenschutzes**
Ziel dieses öffentlichen Belanges ist die Vorbeugung vor schädlichen Bodenveränderungen. So ist unter anderem die Nutzungsfunktion des Bodens als Standort für die land- und forstwirtschaftliche Nutzung zu erhalten oder wieder herzustellen (§§ 1, 2 Bundes-Bodenschutz-Gesetz [BBodSchG]).

**c) Belange des Denkmalschutzes**
Die Belange des Denkmalschutzes haben zwar eine eigenständige bodenrechtliche Bedeutung, spielen aber in der Baugenehmigungspraxis neben den speziellen Vorschriften in den Denkmalschutzgesetzen der Länder keine gewichtige Rolle.

**d) Natürliche Eigenart der Landschaft**
Der Begriff der natürlichen Eigenart der Landschaft umfasst den Schutz des Außenbereichs vor einer wesensfremden Nut-

zung (z.B. Wochenendhäuser und Campinganlagen) und den Schutz einer im Einzelfall schutzwürdigen Landschaft vor ästhetischer Beeinträchtigung. Eine ähnliche Schutzfunktion hat der Erholungswert der Landschaft für die Allgemeinheit.

### e) Ortsbild

Das Ortsbild kann durch den Standort, die Art und die Größe des Vorhabens oder die Verschandelung der Ortssilhouette verunstaltet werden. Unerheblich ist dagegen die ästhetische Wirkung des Vorhabens selbst; eine harmonische Beziehung zur vorhandenen Bebauung ist nicht erforderlich.

### f) Verunstaltung des Landschaftsbildes

Eine Verunstaltung des Landschaftsbildes ist anzunehmen, wenn die Bebauung der Umgebung grob unangemessen ist. Die Errichtung von Schweinemastställen in einer bisher von Bebauung freien Flussniederung an exponierter Stellung erfüllt unter Umständen diese Voraussetzungen; das kann auch einem landwirtschaftlichen Betriebsgebäude entgegenstehen, wenn der Landwirt das Vorhaben an anderer Stelle, nämlich in unmittelbarer Hofnähe, errichten könnte.

### 6. Verbesserung der Agrarstruktur, Wasserwirtschaft

### a) Verbesserung der Agrarstruktur

Maßnahmen zur Verbesserung der Agrarstruktur sind insbesondere die Flurbereinigung, der freiwillige Landtausch und die Vergrößerung sowie Aussiedlung land- und forstwirtschaftlicher Betriebe. Würde ein sonstiges Vorhaben die Durchführung der Flurbereinigung gefährden, könnte dies öffentliche Belange beeinträchtigen.

### b) Wasserwirtschaft

Dem Belang der Wasserwirtschaft kommt in Anbetracht des § 35 Abs. 3 Satz 1 Nr. 2 BauGB eine eigenständige Bedeutung zu, und zwar dann, wenn ein wasserwirtschaftlicher Plan nach §§ 36, 36 b Wasserhaushaltsgesetz (WHG) nicht vorliegt. Die

Nr. 6 stellt sich im Verhältnis zu Nr. 2 als eine Art Auffangtatbestand dar. Der Umstand, dass keine rechtsförmlich abgeschlossene wasserrechtliche Planung vorliegt, hindert nicht die Annahme, einem Außenbereichsvorhaben stehe der öffentliche Belang der Gefährdung der Wasserwirtschaft entgegen. Ein Vorhaben kann unzulässig sein, wenn dadurch die Trinkwasserversorgung gefährdet wird oder wenn es sonst zu Gewässerverunreinigungen kommen kann. Der Entwurf einer Wasserschutzgebietsverordnung kann sich unter der Voraussetzung, dass die geologischen und hydrologischen Verhältnisse entsprechende Schlüsse rechtfertigen, als Indiz dafür werten lassen, dass ein Bauvorhaben, das den künftigen Schutzzielen zuwider läuft, die Wasserwirtschaft gefährdet.

**7. Entstehung, Verfestigung oder Erweiterung einer Splittersiedlung**
Durch diesen Belang soll die Entwicklung unorganischer Siedlungsstrukturen und damit die Zersiedelung des Außenbereichs verhindert werden. Der gesetzlich nicht definierte Begriff ist als Gegenstück zu dem im Zusammenhang bebauten Ortsteil im Sinne des § 34 BauGB zu sehen und von ihm abzugrenzen. Während der Ortsteil ein Bebauungskomplex ist, der nach der Zahl der vorhandenen Bauten ein gewisses Gewicht besitzt und Ausdruck einer organischen Siedlungsstruktur ist, besteht eine Splittersiedlung aus einer Ansammlung von Gebäuden, wobei die Zahl der Bauwerke kein städtebaulich beachtliches Gewicht hat und die Bebauung auch nicht Ausdruck einer organischen (herkömmlichen) Siedlungsstruktur ist. Die regellose Ansammlung von Gebäuden ist nicht notwendiges Merkmal der Splittersiedlung; auch eine äußerlich geordnete Anordnung von Gebäuden, etwa eine einseitige Straßenrandbebauung, kann Splittersiedlung sein. Entscheidend ist, dass für den Gebäudekomplex keine vernünftigen städtebaulichen Ordnungsgesichtspunkte maßgebend sind. Streubebauung vermittelt nicht den Eindruck von Geschlossenheit.

Unter Entstehung einer Splittersiedlung ist ein Vorgang zu verstehen, durch den die Zersiedelung eingeleitet wird. Das ist schon wegen der Vorbildwirkung regelmäßig bei der ersten Errichtung eines Wohnhauses der Fall. Zersiedelungsansätze werden jedoch nicht nur durch eine Wohnnutzung, sondern auch durch gewerblichen Zwecken dienende Gebäude eingeleitet. Die Entstehung einer Splittersiedlung kann ferner durch eine Anschlussbebauung an den unbeplanten Innenbereich bewirkt werden.

Erweiterung einer Splittersiedlung ist die räumliche Ausdehnung in eine bisher nicht in Anspruch genommene Fläche, Verfestigung hingegen die Auffüllung des bisher schon in Anspruch genommenen räumlichen Bereichs durch eine Vergrößerung des Baubestandes. Die Erweiterung kann auch durch den Bau einer Doppelgarage und nicht nur durch ein zum Aufenthalt von Menschen bestimmtes Gebäude erfolgen. Verfestigung tritt ein durch die Errichtung einer weiteren Wohnung, bei Ersetzung aufgestellter Wohnwagen durch feste Bebauung, oder wenn aus einer Ansammlung von Gebäuden, die kein im Zusammenhang bebauter Ortsteil sind, durch Bebauung der Zwischenräume ein solcher Ortsteil entsteht.

Das Auffüllen einer Baulücke muss nicht notwendig zur Verfestigung einer Splittersiedlung führen. Sie tut es ausnahmsweise dann nicht, wenn sich ein Wohnbauvorhaben der vorhandenen Bebauung unterordnet, sich
• ohne zusätzliche Ansprüche oder Spannungen auszulösen
• organisch in eine bestehende Baulücke einfügt und wenn es keine Vorbildwirkung hat. Ähnliche Vorausetzungen gelten für den zulässigen Ausbau eines Dachgeschosses.

Für die Frage, ob ein Vorhaben im Außenbereich Vorbild für weitere Vorhaben ist, reicht es aus, dass Anträge für Folgevorhaben nicht auszuschließen und nicht abwegig sind. Folgevorhaben müssen allerdings in der besagten Splittersiedlung drohen und nicht irgendwo im Gemeindegebiet. Die negative Folgewirkung ist in einem ablehnenden Bescheid zu präzisieren und damit nachvollziehbar zu machen; der stereotype Hinweis auf mögliche Folgevorhaben reicht nicht aus.

## 8. Funktionsfähigkeit von Funkstellen und Radaranlagen

Ziel des § 35 Abs. 3 Satz 1 Nr. 8 BauGB ist es, den Schutz der Funktionsfähigkeit von Funkstellen und Radaranlagen als eigenständigen öffentlichen Belang hervorzuheben, obwohl der Bundesminister für Verteidigung bereits nach dem Schutzbereichsgesetz Schutzbereichszonen festlegen kann. Im Schutzbereich einer militärischen Radaranlage darf z.B. eine Windenergieanlage ohne besondere Genehmigung nicht errichtet werden. Problematisch ist jedoch, dass die Anordnung des Schutzbereiches nur eingeschränkt bekannt gegeben wird. Die Anordnungen werden nicht in einem Amtsblatt veröffentlicht.

Der Schutz der Funkstellen soll vor allem den Belangen der Flugsicherheit dienen. Zur Funktionsfähigkeit dieser Anlagen gehört ein hohes Maß an Verlässlichkeit, so dass es genügt, wenn eine Störung zu befürchten ist. Darüber hinaus soll die Funktionsfähigkeit von Radaranlagen geschützt werden. Diese dienen in aller Regel der großräumigen Überwachung des Luftraumes und haben vielfach eine militärische Zielsetzung, sie dienen aber unter Umständen auch der allgemeinen Flugsicherheit.

## II. Raumbedeutsame Vorhaben und Ziele der Raumordnung, § 35 Abs. 3 Satz 2 BauGB

Nach § 35 Abs. 3 Satz 2 1. Hs. BauGB dürfen raumbedeutsame Vorhaben den Zielen der Raumordnung nicht widersprechen.

Raumbedeutsame Vorhaben sind ein Unterfall der vom Gesetzgeber in § 3 Nr. 6 Raumordnungsgesetz (ROG) definierten raumbedeutsamen Maßnahmen; sie liegen vor, wenn Raum in Anspruch genommen oder die räumliche Entwicklung oder Funktion eines Gebietes beeinflusst wird. Das ist der Fall, wenn von dem Vorhaben infolge seiner Größe oder der von ihm ausgehenden Emissionen Auswirkungen zu erwarten sind, die über den unmittelbaren Nahbereich, insbesondere über die benachbarten Grundstücke hinausgehen. Ob eine einzelne Windenergieanlage in diesem Sinne raumbedeutsam ist, beurteilt sich nach den tatsächlichen Umständen des Einzelfalls. Die Raumbedeutsamkeit einer einzelnen Anlage kann sich insbesondere aus ihren Dimensionen (Höhe, Rotordurchmesser), aus ihrem Standort oder aus ihren Auswirkungen auf bestimmte Ziele der Raumordnung (Schutz von Natur und Landschaft, Erholung und Fremdenverkehr) ergeben. Die Bundesländer sind über norminterpretierende Verwaltungsvorschriften zu unterschiedlichen Handhabungen gelangt (vgl. z.b. den Windkraftanlagen-Erlass NRW, der die Raumbedeutsamkeit einer Einzelanlage bereits ab einer Gesamthöhe von 50 m annimmt).

Ziele der Raumordnung sind gemäß § 3 Nr. 2 ROG verbindliche Vorgaben in Form von räumlich oder sachlich bestimmten oder bestimmbaren, vom Träger der Landes- oder Regionalplanung abschließend abgewogenen textlichen oder zeichnerischen Festlegungen in Raumordnungsplänen zur Entwicklung, Ordnung und Sicherung des Raumes; Raumordnungspläne sind der einheitliche Raumordnungsplan für das Landesgebiet und die Regionalpläne (Gebietsentwicklungsplan). Die landesplanerischen Festlegungen erfolgen gemäß § 7 Abs. 4 ROG in der Regel durch die Ausweisung von Vorrang-, Vorbehalts- und Eignungsgebieten. Vorranggebiete sind Bereiche, die für bestimmte, raumbedeutsame Funktionen oder Nutzungen vorgesehen sind und andere raumbedeutsame Nutzungen in diesem Gebiet ausschließen, soweit diese mit den vorrangigen Funktionen, Nutzungen oder Zielen der Raumordnung nicht vereinbar sind. Vorbehaltsgebiete sind Gebiete, in denen bestimmten, raumbedeutsamen Funktionen oder Nutzungen bei der Abwägung mit konkurrierenden raumbedeutsamen Nutzungen besonderes Gewicht beigemessen werden soll. Bei Eignungsgebieten handelt es sich um Gebiete, die für raumbedeutsame Maßnahmen geeignet sind, die städtebaulich nach § 35 BauGB zu beurteilen sind und an anderer Stelle im Planungsgebiet ausgeschlossen werden. Weist ein Gebietsentwicklungsplan/Regionalplan ein Eignungsgebiet für Windenergieanlagen aus, so sind diese Anlagen an anderer Stelle im Gemeindegebiet unzulässig, wenn sie den Umfang eines raumbedeutsamen Vorhabens besitzen. Auch ein festgelegter Vorrangbereich für die Erholung steht einem Wohnbauvorhaben als öffentlicher Belang entgegen.

§ 35 Abs. 3 Satz 2 1. Hs. BauGB erfasst grundsätzlich sämtliche Vorhaben und damit auch die privilegierten Vorhaben nach § 35 Abs. 1 Nr. 1 BauGB.

Ziele der Raumordnung können bei raumbedeutsamen privilegierten Vorhaben auch eine positive Wirkung haben. Gemäß § 35 Abs. 3 Satz 2 2. Hs. BauGB dürfen ihnen öffentliche Belange insoweit nicht entgegengehalten werden, als die Belange bereits bei Aufnahme der Vorhaben als Ziele der Raumordnung in den Raumordnungsplänen abgewogen worden sind.

### III. Planvorbehalt, § 35 Abs. 3 Satz 3 BauGB

Nach § 35 Abs. 3 Satz 3 BauGB stehen öffentliche Belange einem Vorhaben nach § 35 Abs. 1 Nr. 2 bis 6 BauGB auch dann entgegen, soweit hierfür durch Darstellungen im Flächennutzungsplan oder als Ziele der Raumordnung eine Ausweisung an anderer Stelle erfolgt ist. Den Gemeinden und den Landesplanern wird hierdurch die Möglichkeit einer positiven Standortplanung an einer oder an mehreren Stellen im Plangebiet eröffnet mit dem Ziel, den übrigen Planungsraum von den durch den Gesetzgeber privilegierten Anlagen freizuhalten. Die Steuerungsmöglichkeit geht nicht soweit, dass bestimmte privilegierte Vorhaben im gesamten Gemeindegebiet ausgeschlossen werden; eine bloße Negativplanung ist unzulässig. Die negative und die positive Komponente der festgelegten Konzentrationszonen bedingen einander. Der Ausschluss der Anlagen auf Teilen des Plangebiets lässt sich nach der Wertung des Gesetzgebers nur rechtfertigen, wenn der Plan sicherstellt, dass sich die betroffenen Vorhaben an anderer Stelle gegenüber konkurrierenden Nutzungen durchsetzen. Dem Plan muss daher ein schlüssiges gesamträumliches Planungskonzept zugrunde liegen, das den allgemeinen Anforderungen des planungsrechtlichen Abwägungsgebotes gerecht wird. Die Abwägung aller beachtlichen Belange muss sich auf die positiv festgelegten und die ausgeschlossenen Standorte erstrecken. In der Praxis am häufigsten sind die Darstellung von Flächen für Versorgungsanlagen sowie für Abgrabungen und die Gewinnung von Bodenschätzen, vor allem aber die Darstellung von Sonderbauflächen für Windparks (Konzentrationszonen). Hat eine Gemeinde in ihrem Flächennutzungsplan eine Konzentrationszone für Windkraftanlagen dargestellt, steht dies als öffentlicher Belang der Genehmigung einer Windenergieanlage an anderer Stelle des Gemeindegebietes entgegen.

## H. Begünstigte Vorhaben, § 35 Abs. 4 BauGB

§ 35 Abs. 4 BauGB stellt eine gesetzliche Ausgestaltung des Bestandsschutzes und der eigentumskräftig verfestigten Anspruchsposition dar. Neben dieser gesetzlichen Regelung kommt Bestandsschutz im Außenbereich nicht in Betracht. § 35 Abs. 4 BauGB enthält eine Teilbegünstigung sonstiger, d. h. nicht privilegierter Vorhaben. Nur der Widerspruch zu den Darstellungen des Flächennutzungsplans oder eines Landschaftsplans, die Beeinträchtigung der natürlichen Eigenart der Landschaft und die Befürchtung der Entstehung, Verfestigung oder Erweiterung einer Splittersiedlung werden überwunden. Alle anderen in § 35 Abs. 3 BauGB aufgezählten und die übrigen öffentlichen Belange werden von der Begünstigungsregel nicht berührt.

# I. Nutzungsänderung landwirtschaftlicher Gebäude, § 35 Abs. 4 S. 1 Nr. BauGB

Der Tatbestand erfasst die Umnutzung landwirtschaftlicher Bausubstanz z. B. für ein Wohnbauvorhaben oder die Umnutzung in einen Gewerbebetrieb (z. B Kfz-Werkstatt, Schreinerei, Bauerncafe etc.). Begünstigt ist jedoch nur die erstmalige Nutzungsänderung; jede weitere Nutzungsänderung beurteilt sich nach den allgemeinen Regeln. Möglich ist auch die nachträgliche Legalisierung einer bereits vorgenommenen Nutzungsänderung.

## 1. Erhaltenswerte Bausubstanz

Das Vorhaben muss der zweckmäßigen Verwendung erhaltenswerter Bausubstanz dienen, § 35 Abs. 4 S. 1 Nr. a) BauGB. Erhaltenswert ist eine bauliche Anlage dann, wenn sie in bautechnischem Sinne vorhanden und zur Weiterverwendung geeignet ist. Damit scheiden verfallene Gebäude und Ruinen aus.

## 2. Erhaltung der äußeren Gestalt

Bei der Nutzungsänderung muss die äußere Gestalt des Gebäudes im Wesentlichen erhalten bleiben, § 35 Abs. 4 S. 1 Nr. 1 b) BauGB. Ein Ersatzbau an gleicher Stelle genügt dieser Anforderung nicht, weil das vorhandene Gebäude gerade nicht erhalten, sondern zerstört und dann an seiner Stelle ein Neubau errichtet wird. Das gilt auch, wenn für den Wiederaufbau im Wesentlichen auf die Materialien des Altgebäudes zurückgegriffen wird. Wesentliche bauliche Änderungen im Inneren des Gebäudes hindern die Anwendung der Begünstigungsregelung dagegen nicht. Auch erhebliche Eingriffe in die bauliche Substanz einschließlich der Erforderlichkeit einer neuen statischen Berechnung sind nicht ausgeschlossen. Es ist deshalb durchaus möglich, ein ehemals landwirtschaftlich genutztes Gebäude zu entkernen und im Inneren völlig umzugestalten. Damit einhergehen können auch der Einbau von Fenstern und im geringeren

Umfang auch Anbauten, wenn die hierdurch bedingten Veränderungen für die Gestalt des Gebäudes nicht ins Gewicht fallen.

### 3. 7-Jahres-Frist der Nutzungsaufgabe

Die Aufgabe der (eigenen) landwirtschaftlichen Nutzung darf nicht länger als 7 Jahre zurückliegen, § 35 Abs. 4 S. 1 Nr. 1 c) BauGB. Die 7-Jahres-Frist wird nicht dadurch gewahrt, das nach der Aufgabe durch den jetzigen Bauherrn das Gebäude an einen anderen Landwirt verpachtet war. In diesem Fall diente es dem landwirtschaftlichen Betrieb eines anderen. Die Bundesländer können bestimmen, dass die 7-Jahres-Frist der Aufgabe der Nutzung bis zum 31.12.2008 nicht anzuwenden ist, so z. B. in NRW.

### 4. 7-Jahres-Frist der Errichtung

Das Gebäude muss vor mehr als 7 Jahren zulässigerweise errichtet worden sein, § 35 Abs. 4 S. 1 Nr. 1 d) BauGB. Damit soll verhindert werden, dass eine Privilegierung, z. B. als Nebenerwerbslandwirt, mit der Absicht aufgenommen wird, im Außenbereich alsbald eine Entprivilegierung nach § 35 Abs. 4 S. 1 Nr. 1 BauGB zu erreichen. Zulässigerweise errichtet ist ein Gebäude, wenn es formell oder materiell rechtmäßig errichtet und genutzt wurde. Für die formelle Legalität reicht es aus, dass für das Gebäude eine Baugenehmigung vorliegt. Die Beweispflicht für die Existenz der Baugenehmigung trifft den Bauherrn. Der durch eine Baugenehmigung vermittelte Bestandsschutz erlischt, wenn ein früher (formell) rechtmäßiges Gebäude baulich so verändert wurde, dass es als „ein anderes Gebäude" anzusehen ist. Das gleiche gilt für den Fall, in dem die genehmigte Nutzung aufgegeben wird, etwa wenn ein als solches genehmigtes Heuerlingshaus zu Wohnzwecken von Personen genutzt wird, die nicht im Betrieb des Landwirts beschäftigt sind.

War das Gebäude genehmigungs- und anzeigefrei, beurteilt sich die Frage allein nach der materiellen Legalität. Ein Gebäude, das nicht genehmigt wurde oder dessen Genehmigung sich nicht mehr feststellen lässt, kann als zulässigerweise errichtet angesehen werden, wenn es den im Zeitpunkt seines Bestehens geltenden öffentlich-rechtlichen Vorschriften entsprach. Der dadurch vermittelte Bestandsschutz darf jedoch nicht durch eine spätere Nutzungsänderung untergegangen sein.

### 5. Räumlich funktionaler Zusammenhang mit der Hofstelle

Das Gebäude muss gem. § 35 Abs. 4 S. 1 Nr. 1 e) BauGB in räumlich-funktionalem Zusammenhang mit der Hofstelle stehen, d. h. es muss mit den übrigen Gebäuden eine Betriebseinheit bilden oder gebildet haben und eine räumliche Nähe zur Hofstelle besitzen. Für die zulässige Entfernung besteht kein fester Wert, an der räumlichen Entfernung fehlt es aber bei einer Entfernung von 300 m zur Hofstelle. Gebäude können nur dann eine Hofstelle im Sinne dieser Vorschrift bilden, wenn jedenfalls eines der Gebäude ein landwirtschaftliches Wohngebäude ist. Reine Betriebsstandorte ohne die traditionelle Verbindung von Arbeiten und Wohnen genügen daher nicht.

### 6. Höchstens drei Wohnungen

Erfolgt eine Nutzungsänderung zu Wohnzwecken dürfen neben den bisher schon zulässigen privilegierten Wohnungen (Betriebswohnung des Landwirts und evtl. Altenteilerhaus) höchstens drei nicht privilegierte Wohnungen eingerichtet werden. Es ist nicht erforderlich, dass die neu entstehenden Wohnungen von dem Landwirt oder seinen Familienangehörigen selbst genutzt werden.

### 7. Keine Neubebauung

Der Betriebsinhaber muss schließlich die Verpflichtung übernehmen, keine Neubebauung als Ersatz für die aufgegebene Nutzung vorzunehmen, § 35 Abs. 4 S. 1 Nr. 1 g) BauGB. Es soll verhindert werden, dass ein Landwirt über eine teilweise Betriebsaufgabe mit anschließender Nutzungsänderung z.B. zunächst Wohnungen einrichtet, sodann unter Hinweis auf den Privilegierungstatbestand ein neues Gebäudes für landwirtschaftliche Zwecke errichtet und auf diese Weise den Baubestand im Außenbereich vergrößert. Etwas anderes kann im Einzelfall gelten, wenn eine im Zeitpunkt der Nutzungsänderung nicht vorhersehbare Entwicklung eintritt und die Errichtung eines neuen Gebäudes zur sinnvollen Fortführung des Betriebes notwendig wird. Die Sicherstellung erfolgt in der Regel durch Eintragung einer Baulast.

## II. Ersatzbau

Der Begünstigungstatbestand des § 35 Abs. 4 S. 1 Nr. 2 BauGB erfasst die Neuerrichtung eines zuvor zulässigerweise errichteten Wohngebäudes. Dabei muss es sich um ein gleichartiges Wohngebäude handeln, also im Bauvolumen, in der Nutzung und in der Funktion dem früheren entsprechen.

Die Neuerrichtung ist nur an gleicher Stelle möglich, wobei geringfügige Abweichungen erlaubt werden können. Zulässig ist auch eine geringfügige Erweiterung des Neubaus im Verhältnis zum Altbau.

Das zu ersetzende Gebäude muss Missstände oder Mängel aufweisen. Missstände liegen insbesondere vor, wenn die bauliche Anlage nicht den allgemeinen Anforderungen an gesunde Wohnverhältnisse entspricht. Mängel sind insbesondere dann gegeben, wenn durch Abnutzung, Alterung, Witterungseinflüsse oder Einwirkungen Dritter die bestimmungsgemäße Nutzung der baulichen Anlage nicht nur unerheblich beeinträchtigt wird.

Das Wohngebäude muss vor seiner Beseitigung seit längerer Zeit vom Eigentümer selbst genutzt worden sein und nach der Neuerrichtung der Eigennutzung dienen. Für die Auslegung des Rechtsbegriffs „seit längerer Zeit" wird zumeist ein vierjähriger Mindestzeitraum angenommen. Nur für den Erbfall wird auf das Erfordernis der längeren Eigennutzung verzichtet.

## III. Neuerrichtung

Der Begünstigungstatbestand des § 35 Abs. 4 S. 1 Nr. 3 BauGB erfasst die Neuerrichtung von Gebäuden, die durch außergewöhnliche Ereignisse zerstört worden sind. Die Vorschrift ist nicht nur auf Wohngebäude anwendbar. Außergewöhnliche Ereignisse sind solche, die nicht vorhersehbar waren und nicht der Sphäre des Eigentümers zugerechnet werden müssen. Dazu gehören neben den im Gesetz aufgeführten Bränden und Naturereignissen Flugzeugabstürze, Manöverschäden und massive Eingriffe von Dritten (Vandalismus). Ein außergewöhnliches Ereignis liegt nicht vor bei dem allmählichen Verfall eines alten Hauses.

Zulässig ist nur die alsbaldige Neuerrichtung des zerstörten Gebäudes. Die Absicht ist „alsbald" bekundet, wenn die Baugenehmigung zur Neuerrichtung innerhalb eines Jahres nach der Zerstörung beantragt wird. Für das folgende zweite Jahr ist davon auszugehen, dass dann auch der Wiederaufbau erwartet wird. Nach Ablauf von zwei Jahren muss der Bauherr besondere Gründe dafür darlegen, dass die Zerstörung des Gebäudes noch keinen als endgültig erscheinenden Zustand herbeigeführt hat.

Auch hier muss der Nachweis erbracht werden, dass das Gebäude zulässigerweise errichtet war. Es sind bei dem Wiederaufbau in engen Grenzen Erweiterungen sowie geringfügige Abweichungen des Standortes „an gleicher Stelle" zulässig.

## IV. Erhaltenswerte Gebäude

Nach § 35 Abs. 4 S. 1 Nr. 4 BauGB sind die Änderung und Nutzungsänderung von erhaltenswerten, das Bild der Kulturlandschaft prägenden Gebäuden begünstigt, auch wenn die Gebäude aufgegeben sind, sofern das Vorhaben einer zweckmäßigen Verwendung der Gebäude und Erhaltung der Bausubstanz dient. Die Regelung erfasst nur die Änderung und Nutzungsänderung, nicht den Wiederaufbau. Ruinen und Anlagen, die mittlerweile jegliche Funktion verloren haben, können auf diese Weise nicht wieder zu baulichem Leben erweckt werden.

Das Gebäude muss das Bild der Kulturlandschaft prägen. Diese Voraussetzung liegt vor, wenn das Gebäude nach seinem äußeren Erscheinungsbild für die Baugestaltung und Baukultur einer Epoche aussagekräftig und für den Charakter der es umgebenden Kulturlandschaft typisch ist. Zwischen dem Bauwerk und der Kulturlandschaft muss eine erkennbare Wechselbeziehung in dem Sinne bestehen, dass die Kulturlandschaft ihre besondere Eigenart auch durch das Bauwerk erhält. Die Wirkung muss dabei stets von dem äußeren optischen Erscheinungsbild des Gebäudes selbst ausgehen. Eine Denkmaleigenschaft ist nicht erforderlich.

## V. Erweiterung von Wohngebäuden
§ 35 Abs. 4 S. 1 Nr. 5 BauGB erleichtert die Erweiterung von zulässigerweise errichteten Wohngebäuden auf bis zu 2 Wohnungen, wenn die Erweiterung im Verhältnis zum vorhandenen Wohngebäude und unter Berücksichtigung der Wohnbedürfnisse angemessen ist. Unangemessen ist danach alles, was in Bezug auf Größe und Funktion des Vorhandenen unverhältnismäßig wäre. Dies ist jedenfalls dann anzunehmen, wenn die Wohnfläche nach der Erweiterungsmaßnahme mehr als verdoppelt würde. Im Übrigen können als Anhaltspunkt die Bestimmungen der Länder zur Wohnraumförderung herangezogen werden (Faustformel 50 m² pro Person).

## VI. Erweiterung gewerblicher Betriebe
Nach § 35 Abs. 4 S. 1 Nr. 6 BauGB wird die bauliche Erweiterung eines zulässigerweise errichteten gewerblichen Betriebes begünstigt, wenn diese im Verhältnis zum vorhandenen Gebäude und Betrieb angemessen ist. Die Vorschrift erfasst weder Nutzungsänderungen noch die Erweiterung eines privilegierten Landwirtschaftsbetriebes um einen landwirtschaftsfremden Betriebsteil. Die Erweiterung kann sich nur auf einen bereits im Außenbereich zulässigerweise gele-

genen Gewerbebetrieb beziehen. Dies kann unter Umständen durch eine Nutzungsänderung eines landwirtschaftlichen Gebäudes nach § 35 Abs. 4 S. 1 Nr. 1 BauGB herbeigeführt worden sein.

Die Erweiterung muss angemessen sein. Auch hier besteht insoweit kein fester Wert. Allerdings wird bei Erweiterungen bis zu 50 % eine Grenze gesehen. Ebenso wird die Zerlegung einer insgesamt unangemessenen Betriebserweiterung in für sich genommen angemessene Teilakte als unzulässig angesehen.

# I. Ausführung, Rückbau und Sicherstellung, § 35 Abs. 5 BauGB

### I. Gebot flächensparenden Bauens

§ 35 Abs. 5 S. 1 BauGB normiert für alle Vorhaben das allgemeine Gebot größtmöglicher Schonung des Außenbereichs. Dazu spricht das Gesetz ausdrücklich aus, dass das an sich zulässige Vorhaben flächensparend und die Bodenversieglung auf das notwendige Maß begrenzende Weise zu errichten ist. Insoweit können sich auch Anforderungen an die Ausführung privilegierter landwirtschaftlicher Vorhaben ergeben.

### II. Rückbauverpflichtung

§ 35 Abs. 5 S. 2 BauGB verlangt für Vorhaben nach Abs. 1 Nr. 2 – 6 (z.B. Intensivtierhaltungen, Windenergieanlagen, Biomasseanlagen) eine Verpflichtungserklärung zum Rückbau und Beseitigung der Bodenversiegelung nach dauerhafter Aufgabe der zulässigen Nutzung. Eine „Aufgabe" der bisherigen Nutzung ist anzunehmen, wenn diese beendet oder wenn zu einer anderen Nutzung übergegangen wird. Erforderlich ist zudem die „dauerhafte" Aufgabe der bisherigen Nutzung. Die Erfüllung der übernommenen Verpflichtung soll nicht voreilig ausgelöst werden. All diese Rechtsfragen führen in der Praxis zu Abgrenzungsschwierigkeiten und sind in jedem Einzelfall gesondert zu prüfen.

„Rückbau" ist die Beseitigung der baulichen Anlage, welche der bisherigen Nutzung diente und insoweit die Herstellung des davor bestehenden Zustandes. Die Maßnahmen zur Entsiegelung des Bodens betreffen auch die Beseitigung betonierter Fundamente im Erdboden.

## III. Sicherung der Nutzung

Nach § 35 Abs. 5 S. 3 BauGB soll die Baugenehmigungsbehörde die Einhaltung der Rückbauverpflichtung und die Nutzung der baulichen oder sonstigen Anlage nur in der vorgesehenen Art, sicherstellen. Für die Verpflichtung wird ausdrücklich die Baulast als Sicherungsmittel genannt. Weitere Sicherungsmittel „in anderer Weise" ist einmal die beschränkt persönliche Dienstbarkeit, wenn der Grundstückseigentümer selbst Bauherr ist, obligatorische Verträge, die jedoch nicht gegen den Rechtsnachfolger wirken, oder eine Sicherheitsleistung durch Bankbürgschaft. Letztere ist die wirksamste, aber für den Bauherrn unter Umständen auch die teuerste. Zu Bedenken ist, dass die behördliche Sicherstellung auch nicht dazu führen darf, dass das Baurecht tatsächlich vereitelt wird. Der Windenergieerlass des Landes NRW verweist z. B. auf die Sicherheitsleistung durch Bankbürgschaft als Regelfall und empfiehlt eine Sicherheitsleistung in Höhe von 6,5 % der Investitionskosten.

## J. Außenbereichssatzungen

Mit der Außenbereichssatzung hat der Gesetzgeber ein gemeindliches Steuerungsmodell für Außenbereichsvorhaben geschaffen, das der Baulückenfüllung im besiedelten Außenbereich dienen, im Ergebnis aber nicht zur Schaffung eines Ortsteils führen soll. Die Satzung des § 35 Abs. 6 BauGB verändert den Gebietscharakter als Außenbereich nicht. Vorhaben sind deshalb weiterhin nach § 35 BauGB zu beurteilen. Die Gemeinde hat es lediglich in der Hand, im Sinne einer geordneten städtebaulichen Entwicklung erleichterte Zulässigkeitsvoraussetzungen zu schaffen. Wohnbauvorhaben im Geltungsbereich einer Außenbereichssatzung können bestimmte öffentliche Belange nicht entgegengehalten werden, nämlich die Darstellung im Flächennutzungsplan als Fläche für die Landwirtschaft sowie die Befürchtung, eine Splittersiedlung werde entstehen oder sich verfestigen. Alle anderen öffentlichen Belange kann die Außenbereichssatzung nicht überwinden.

Die Satzung ist nur möglich für bebaute Bereiche im Außenbereich, die nicht überwiegend landwirtschaftlich geprägt sind und in denen eine Wohnbebauung von einigem Gewicht vorhanden ist. Ein bebauter Bereich i.S.d. § 35 Abs. 6 Satz 1 BauGB ist nur gegeben, wenn und soweit bereits eine vorhandene Bebauung dazu führt, dass der Außenbereich seine Funktion, als Freiraum oder als Fläche für privilegierte Vorhaben zu dienen, nicht mehr oder nur noch mit wesentlichen Einschränkungen erfüllen kann. Die vorhandene Bebauung muss auf eine weitere Bebauung im Wege der baulichen Verdichtung hindeuten. Der räumliche Geltungsbereich der Satzung ist auf den Bereich vorhandener Bebauung zu beschränken. Deshalb können Flächen jenseits der vorhandenen Bebauung nicht mit einbezogen werden. Nach Satz 2 kann die Satzung auch auf Vorhaben erstreckt werden, die kleineren Handwerks- und Gewerbebetrieben dienen.